101

Katzenfragen

101

Katzenfragen

?

Wenn meine Katze sprechen könnte ... **?**

Verhalten · Pflege · Aufzucht

Honor Head

Tierärztliche Beratung:
Helen Dennis

ISBN 3-8094-1472-7

© 2003 by Bassermann Verlag,
einem Unternehmen der
Verlagsgruppe Random House
GmbH, 81673 München

© der Originalausgabe 1999 by
Quarto Publishing plc
Originaltitel:
101 questions
your cat would ask

Fotos: Jane Burton
Illustrationen: Janice Nicolson
Layout: Rebecca Adams
Übersetzung:
Berliner Buchwerkstatt,
Martin Rometsch
Redaktion:
Berliner Buchwerkstatt,
Ivana Jokl
Herstellung/Satz:
Berliner Buchwerkstatt,
Britta Dieterle und
Ralph Schledermann

10895 00 X 817 2635 4453 6271

Inhalt

Einführung 6

3 So pflegen Sie Ihre Katze 50

4 So lernen Sie Ihre Katze verstehen 78

Einführung

Jeder Katzenhalter wird Ihnen bestätigen, dass Katzen zärtlich, lustig, anspruchsvoll und kapriziös sind. Und jede Katze wird Ihnen sagen, dass auch Menschen zärtlich, lustig, anspruchsvoll und kapriziös sein können — und dass es nicht immer leicht ist, mit ihnen zusammenzuleben.

Die **101 Fragen** können Ihnen helfen, Ihre Katze richtig zu erziehen, zu füttern, zu pflegen und zu verstehen.

? ? ? ? ? ? ? ? ? ? ?

Es macht Freude, das Heim mit Katzen zu teilen; aber eine innige Beziehung kann sich nur entwickeln, wenn Sie die Grundbedürfnisse und das Verhalten Ihrer Katze verstehen. Mit etwas Geduld und Umsicht können Sie dafür sorgen, dass sie glücklicher und gesünder lebt. Sie wird es Ihnen mit Zuneigung und Kameradschaft danken. Wenn Sie die **101 Fragen** gelesen haben, werden Sie wissen, warum Katzen zu den faszinierendsten und liebenswertesten Tieren gehören – und warum man sich so schön über sie ärgern kann.

Warum ist es so
wichtig, mich richtig
zu behandeln

Wie reise
ich am besten
im Auto

Wie bringst du mir
bei, eine Katzen-
toilette zu benutzen

Warum
verschmutze ich
das Haus

Warum uriniere ich
in die Badewanne
anstatt in die
Katzentoilette

Wie lerne ich, welchen
Teil des Gartens ich
als Toilette benutzen
darf

SPECIAL: So erziehen
Sie ein Kätzchen

Warum darf ich
die Möbel nicht
zerkratzen

Warum darf ich
deine Gäste nicht
um Essensreste
anbetteln

Brauche ich
ein Halsband

1

So erziehen Sie Ihre Katze

Eine wohlerzogene Katze ist eine wahre Freude. Sie können friedlich und harmonisch mit ihr zusammenleben, wenn Sie wissen, wie sie sich am besten an ihr neues Heim gewöhnt, wie sie schnell stubenrein wird und wie man behutsam und rücksichtsvoll mit ihr umgeht.

Wer kann schon der Versuchung widerstehen, eine Katze hochzuheben? Wenn Sie es behutsam und rücksichtsvoll tun, bleibt sie entspannt und fühlt sich sicher. Manchmal ist es besonders wichtig, dass Ihre Katze sich anfassen lässt, zum Beispiel wenn sie krank oder verletzt ist oder ein Medikament braucht.

? *Als ich klein war, hast du mich am Nacken hochgehoben. Ist das immer noch erlaubt?*

Die kurze Antwort lautet: Nein! Eine erwachsene Katze findet das nicht nur unangenehm, es kann auch zu einer Zerrung der Halsmuskeln führen. Katzenmütter packen ihre Jungen nur im Nacken, solange sie klein und leicht sind. Aber nach einigen Wochen ist diese Methode gefährlich – für Sie und für die Katze! Die meisten Katzen lassen sich gerne hochheben und streicheln, wenn man es richtig macht.

Warum ist es so wichtig?

? *Wie hebst du mich am besten hoch?*

Am angenehmsten ist es für die Katze, wenn Sie eine Hand unter den Vorderbeinen um ihren Körper legen und die Hinterbeine mit der anderen Hand stützen. Halten Sie die Katze fest, ohne zu drücken, und stützen Sie immer das Hinterteil. Die Hinterbeine dürfen nicht baumeln, weil dadurch die Wirbelsäule belastet wird. Zwingen Sie die Katze nicht, sich hochheben zu lassen. Passen Sie immer auf, wenn Kinder eine Katze hochheben.

mich richtig zu behandeln **?**

Bequemes Sitzen

Wenn Sie die Katze sicher halten und sie entspannt ist, macht sie es sich selbst bequem.

Katzen lassen sich gerne tragen, und vielleicht gucken sie Ihnen über die Schulter, um zu sehen, was hinter Ihnen geschieht. Stützen Sie ihr Hinterteil und ihre Hinterbeine gut und halten Sie sie fest, ohne zu drücken.

Nicht alle Katzen lassen sich gerne wie ein Kind halten. Zwingen Sie Ihre Katze nicht dazu. Wenn es dem Tier gefällt, müssen Sie es sicher halten und gut abstützen.

Lassen Sie die Katze hinunter, wenn sie es will. Setzen Sie sie sanft ab und stützen Sie sie dabei. Lassen Sie die Katze nicht aus Ihren Armen rollen – das ist für sie wie ein Sturz aus dem Bett!

A

Zweifellos in einem Transportbehälter! Selbst wenn eine Katze gerne auf dem Autositz oder auf der Hutablage unter der Heckscheibe sitzt, sollten Sie es ihr nicht erlauben. Eine freigelassene Katze im Auto ist eine potenzielle Gefahr für die Reisenden und könnte sich außerdem selbst ernsthaft verletzen. Wenn Sie plötzlich abbiegen oder bremsen, könnte sie auf den Boden fallen oder an die Seite prallen, eine plötzliche Bewegung könnte ihr Angst einjagen. Vielleicht schlüpft sie unter Ihre Füße, sodass Sie die Pedale nicht mehr betätigen können, oder sie springt Ihnen auf den Schoß. Außerdem besteht die Gefahr, dass sie bei der Ankunft durch die Tür oder das Fenster entweicht und für immer verschwindet.

wie reise ich am besten im Auto

? Wie bekommst du mich in den Transportbehälter?

Obwohl die meisten Katzen liebend gerne in Schachteln springen, die halb so groß sind wie sie, würden sie lieber auf einem Baum sitzen, der von einer Meute bellender Hunde umgeben ist, als in einen Transportbehälter zu kriechen. Lassen Sie den Behälter vor der Reise einige Tage offen herumstehen, damit die Katze sich an ihn gewöhnt und ihn inspizieren kann. Legen Sie ihre Lieblingsdecke oder ein Spielzeug hinein, so wird er ein Teil ihres normalen Lebensraumes. Wenn Sie sich am Reisetag dennoch wehrt, wickeln Sie sie in ein Handtuch, um keine Kratzer abzubekommen, und setzen sie behutsam in den Behälter. Reden Sie dabei sanft und beruhigend auf sie ein.

? Werde ich reisekrank?

Katzen werden selten reisekrank, doch unter Umständen können sie speicheln oder keuchen. Um dem vorzubeugen, geben Sie Ihrer Katze sechs bis acht Stunden vor der Fahrt nichts zu fressen und eine bis zwei Stunden vorher nichts zu trinken. Ein Tierarzt kann ihr ein Medikament gegen Reisekrankheit und ein Beruhigungsmittel verschreiben. Geben Sie ihr nie Arzneien, die für Menschen vorgesehen sind!

Die besten Katzenkörbe

Wenn Sie oft mit Ihrer Katze verreisen, lohnt es sich, einen stabilen, sicheren Transportkasten zu kaufen.

Wenn Sie oft mit der Katze verreisen oder in öffentlichen Verkehrsmitteln unterwegs sind, kaufen Sie am besten einen Plastikbehälter aus Polyäthylen. Er ist solide, leicht zu säubern und ausbruchsicher. Das Tier kann hinausschauen, und Sie können es sehen.

Ein Kätzchen, eine alte oder eine medikamentös beruhigte Katze können Sie in einem Pappkarton transportieren, wenn die Fahrt kurz ist. Gesunde, erwachsene Katzen beißen sich durch die Pappe durch.

Ein altmodischer Weidenkorb eignet sich für kurze Fahrten, aber er ist zugig, schwer zu reinigen und unsicherer als moderne Transportkästen, weil Türen und Befestigungen oft lose sind.

?, wie gewöhnst du

A Katzen sind von Natur aus sehr reinlich. Darum ist es meist kein Problem, sie an die Kiste mit Katzenstreu zu gewöhnen. Beginnen Sie mit der Sauberkeitserziehung, wenn das junge Tier etwa drei bis vier Wochen alt ist. Die Katzentoilette sollte in einer ruhigen, geschützten Ecke stehen, wo das Tier nicht gestört wird. Achten Sie darauf, dass genügend Streu in der Kiste ist, sodass die Katze eine Mulde graben und wieder zuscharren kann. Setzen Sie das Kätzchen sanft in die Kiste, damit es sich an die Streu und ihren Geruch gewöhnt. Zunächst kennt es den Zweck der Kiste nicht und erleichtert sich irgendwo im Haus. Schreien Sie das Tier nicht an, und stoßen Sie nicht seine Nase ins „Missgeschick"– der Geruch ermutigt es, dieselbe Stelle wieder zu benutzen. Sagen Sie einfach „Nein!", und setzen Sie den Sünder in die Katzentoilette. Tun Sie das auch nach dem Fressen; denn eine Mahlzeit stimuliert den Darm, sich fast sofort zu entleeren. Stellen Sie die Kiste nie neben den Futternapf. Wenn die Katze sich weigert, die Katzentoilette zu benutzen, suchen Sie einen anderen Platz oder probieren eine andere Streu.

mich an die Katzentoilette?

? *Wie lässt sich eine erwachsene Katze zur Sauberkeit erziehen?*

Eine erwachsene Katze braucht etwas länger, um sich an die Katzentoilette zu gewöhnen; aber auch sie kann sauber werden. Wenden Sie dieselbe Methode an wie beim jungen Tier: Zeigen Sie der Katze, wo die Kiste steht, und setzen Sie sie immer wieder sanft hinein, wenn Sie merken, dass es Zeit ist.

Hygiene ist wichtig

Wenn Sie einer Katze beigebracht haben, die Katzentoilette zu benutzen, müssen Sie diese regelmäßig säubern und die Streu erneuern.

Legen Sie eine ausgebreitete Zeitung unter die Kiste. Wenn die Katze scharrt, fällt immer etwas Streu heraus, und selbst die sauberste Katze verschmutzt gelegentlich den Kistenrand. Eine Lage Zeitungspapier oder Polyäthylen unter der Streu erleichtert Ihnen das Säubern.

Scheue Katzen ziehen oft eine überdachte Kiste vor, besonders wenn die Kiste an einem ungeschützten Platz in der Wohnung steht.

Erneuern Sie die Streu in regelmäßigen Abständen. Zwischendurch können Sie feuchte und verschmutzte Streu mit einer speziellen Schaufel entfernen. Damit beseitigen Sie unangenehme Gerüche.

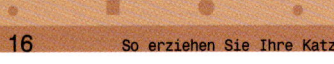
A

Wenn eine bereits stubenreine Katze das Haus verschmutzt, kann das verschiedene Gründe haben. Vielleicht haben Sie die Katzentoilette umgestellt oder sie erinnert die Katze an etwas Unangenehmes, zum Beispiel an die Einnahme einer bitteren Medizin. Verwenden Sie eine neue Streu, die die Katze nicht mag? Haben Sie eine zweite Katze angeschafft? Sind Sie umgezogen? Was auch immer die Ursache sein mag, Strafe ist in jedem Fall nutzlos – die Katze versteht nicht, warum der ansonsten liebevolle Mensch sie anschreit, wenn sie etwas ganz Natürliches tut.

? warum verschmutze ich

? *Was* kannst du dagegen tun?

Die Sauberkeitserziehung muss ein zweites Mal erfolgen. Zunächst jedoch muss die verschmutzte Stelle gründlich gereinigt werden, damit der Geruch die Katze nicht veranlasst, diesen Ort immer wieder aufzusuchen. Verwenden Sie kein Reinigungsmittel, das Chlor oder Ammoniak enthält; beide Stoffe sind Bestandteile des Katzenurins und würden die Katze anlocken. Wischen Sie die Stelle mit klarem Essig ab, um verbleibende Gerüche zu überdecken. Streuen Sie dann Maismehl oder Natron darauf und entfernen Sie es mit dem Staubsauger, wenn es trocken ist. Damit beseitigen Sie Gerüche, die nur Katzen wahrnehmen können.

das Haus?

? *Markieren* Katzen ihr Revier?

Sowohl männliche als auch weibliche Katzen setzen Duftmarken. Besonders ausgeprägt ist diese Gewohnheit bei nicht kastrierten Katern, deren Urin außerdem besonders durchdringend riecht. Säubern Sie die markierte Stelle gründlich, um einer Wiederholungstat vorzubeugen. Besprühen Sie den Körper (nicht das Gesicht) der Katze mit Wasser oder lassen Sie ein Schlüsselbund fallen, sobald ihr Vorhaben offensichtlich ist.

Kritische Stellen

Es gibt ein paar Tricks, die eine Katze davon abbringen können, dieselbe Stelle im Haus wiederholt zu verschmutzen.

Stellen Sie den Futternapf auf diesen Platz. Katzen fressen nicht gerne dort, wo sie Blase oder Darm entleeren.

Legen Sie ein Stück Alufolie oder Polyäthylen auf die Stelle. Katzen mögen die Textur und das Geräusch dieses Materials nicht.

Wenn die Katze immer wieder Ihren Teppich verschmutzt, legen Sie ein Stück Teppich in die Katzentoilette und stellen sie diese in einen Raum ohne Teppich, zum Beispiel ins Bad. Die Katze wird daraufhin meist die Kiste benutzen. Bedecken Sie das Teppichstück allmählich immer mehr mit Streu und nehmen Sie es heraus, sobald die Katze sich ganz an die Kiste gewöhnt hat.

Warum uriniere ich in

A Viele Katzen benutzen gelegentlich die Badewanne oder das Spülbecken als Toilette. Das kann daran liegen, dass der Geruch aus dem Abflussrohr sie an ihre Katzentoilette erinnert oder dass die Wanne oder das Becken mit Ammoniak gereinigt worden sind. Ammoniak ist ein Bestandteil des Urins und kann beim Tier das Bedürfnis auslösen, sich zu erleichtern. Wenn der Geruch verschwindet, sucht die Katze meist wieder ihre Kiste auf.

Behält sie ihre schlechte Angewohnheit, steht die Katzentoilette vielleicht an einem ungünstigen Platz, sodass das Tier die Privatsphäre der Wanne oder des Waschbeckens vorzieht. Prüfen Sie, ob die Kiste an einem ruhigen Ort und nicht zu nahe am Futternapf steht und regelmäßig gereinigt wird; der Kauf einer Kiste mit Dach könnte sich lohnen. Wenn die Katze hartnäckig bleibt, lassen Sie ein wenig Wasser in der Wanne oder im Becken stehen und stellen Sie die Kiste als bequemere Alternative ins Badezimmer.

die Badewanne anstatt in die Katzentoilette

Hallo, da bin ich!

Katzen sind zwar unabhängige Wesen, aber sie genießen es, von einem liebevollen Besitzer verwöhnt zu werden. Es gefällt ihnen gar nicht, wenn man sie nicht beachtet.

? Warum verschmutze ich das Bett?

Zu diesem Malheur kann es kommen, wenn die Katze sehr nervös ist, wenn sie ein neues Zuhause oder einen neuen Besitzer hat, wenn ein Baby ankommt, wenn sie allein ist oder wenn sie eine Verletzung erlitten hat. Anfangs ist es oft nur ein Unfall. Die Katze wacht auf, fühlt sich einsam oder erinnert sich an etwas Unangenehmes und verschmutzt das Bett. Von da an hält sie das Bett für eine Toilette. Es kann auch sein, dass die Katze sich verlassen vorkommt und versucht, ihren Geruch mit dem ihrer Besitzer zu vermischen, um sich sicherer zu fühlen.

Lassen Sie die Katze einige Zeit nicht ins Schlafzimmer, bis sie das Bett nicht mehr mit „Toilette" assoziiert. Geben Sie der Katze mehr Zuwendung als bisher. Wenn sie nicht gerne allein ist, fühlt sie sich in einem Tierheim wohler und sicherer. Wenn Sie die Wohnung verlassen, sollten Sie alle Räume, in denen sich Betten befinden, verschließen.

Wenn Ihre Katze sich von einer Krankheit erholt, bekommt sie meist mehr Zuwendung als sonst. Manche genesenen Katzen täuschen ein Leiden vor – sie humpeln oder sehen niedergeschlagen aus –, damit man weiter so liebevoll zu ihnen ist wie bisher.

Wenn Sie ihre Katze ausgeschimpft haben, dreht Sie Ihnen möglicherweise den Rücken zu und reagiert nicht auf Zurufe. Das bedeutet nicht, dass sie schmollt. Sie reagiert vielmehr instinktiv auf eine bedrohliche Situation: Sie sieht in Ihnen eine Gefahr und wendet sich ab, um die Spannung abzubauen, genau wie sie es bei einem Streit mit einer anderen Katze tun würde. Es kann auch sein, dass Sie die Katze angestarrt haben. Das schüchtert sie ein, und sie dreht sich vorsichtshalber um.

A

Wenn Sie einer Katze erlauben, sich im Garten zu erleichtern, dürfen Sie nicht erwarten, dass sie es immer an derselben Stelle tut – und sie zum Nachbarn zu schicken wäre auch keine gute Lösung. Bringen Sie ihr statt dessen bei, eine Katzentoilette zu benutzen, damit sie keine Löcher im Garten buddelt. Allerdings setzt eine Katze auch im Garten Duftmarken und kann dabei Pflanzen beschädigen. Um sie davon abzuhalten, binden Sie Luftballons an wertvolle Pflanzen, die platzen, wenn die Katze sich an ihnen vorbeidrängt. Oder versehen Sie die Umgebung mit feinem Maschendraht, stacheligen Ästen, scharfem Kies oder Blättern. Sie können die Pflanzen auch mit Zitrusöl besprühen oder in ihrem Umkreis Mottenkugeln vergraben. Die Katze sollte aber auf jeden Fall einen eigenen Platz im Garten haben, den sie mühelos begehen kann.

Wie lerne ich, welchen Teil des Gartens ich als

? *Warum* schmecken mir einige deiner Pflanzen so gut?

Manche Katzen finden Zimmerpflanzen schmackhaft, vor allem wenn ihnen kein Gras zur Verfügung steht. Doch viele Zimmerpflanzen, zum Beispiel der Weihnachtsstern, sind für Katzen giftig; darum sollten Sie sofort einschreiten, wenn das Tier Pflanzen frisst. Platzieren Sie Ihre Zimmerpflanzen so, dass die Katze sie nicht erreichen kann. Ist dies nicht möglich, besprühen Sie die Blätter mit verdünntem Zitronensaft oder befestigen Sie feinen Stacheldraht am Blumentopf. Sie können auch den Körper der Katze jedes Mal mit einer Wasserpistole anspritzen, sobald sie sich einer Pflanze nähert.

? *Warum* darf ich nicht an Stromkabeln knabbern?

Kätzchen und manche Katzen, vor allem orientalische Rassen, knabbern aus Neugierde oder Langeweile an Kabeln. Das kann für die Tiere tödlich sein und Brände verursachen. Wenn möglich, sollten Stromkabel für Katzen unerreichbar gemacht werden. Ertappen Sie die Katze beim Knabbern, sagen Sie mit strenger Stimme „Nein!" und setzen sie an eine andere Stelle im Zimmer. Manchmal hilft es auch, die Kabel mit Eukalyptusöl zu bestreichen.

Toilette benutzen darf?

Die Macht der Pflanzen

Wenn Sie eine neue Katze haben, müssen Sie Ihre Pflanzen an einen sicheren Platz stellen, damit Pflanze oder Katze keinen Schaden erleiden. Sie können der Katze auch eine ungefährliche Alternative anbieten.

Stellen Sie Pflanzen dort auf, wo die Katze sie nicht erreicht, zum Beispiel auf einen schmalen Sims oder eine glatte Unterlage, die die Katze schlecht begehen kann.

Viele Katzen fressen gerne Gras; wenn sie es nicht bekommen, weichen sie auf Zimmerpflanzen aus. Lassen Sie in einer Schale Gras wachsen und stellen Sie sie auf den Fußboden. Ermuntern Sie die Katze, Gras zu fressen, sobald sie versucht, an den Pflanzen zu knabbern.

So erziehen Sie ein Kätzchen

Junge Katzen lernen schnell und freuen sich, wenn man sie streichelt. Sie können aber auch sehr scheu sein.

Lassen Sie der jungen Katze Zeit, sich an ihr neues Heim zu gewöhnen. Einerlei, woher sie kommt – vom Züchter, vom Tierschutzverein oder von Freunden –, sie ist nervös und fühlt sich einsam. Sprechen Sie sanft mit ihr und streicheln Sie sie behutsam. Sie muss sich mit Ihrer Stimme, mit Ihrer Berührung und mit Ihrem Geruch vertraut machen. Wenn sie am ersten Tag nur unter dem Tisch sitzen will, lassen Sie es zu. Ein Kätzchen ist so neugierig, dass es bald auf Entdeckungsreise gehen wird.

Die ersten Tage

Lassen Sie das Kätzchen in den ersten Tagen nur in einem Zimmer oder in einem bestimmten Teil der Wohnung herumlaufen, damit es sich leichter an die neue Umgebung gewöhnen kann. Machen Sie nicht zuviel Lärm und feiern Sie die Ankunft des Tieres nicht mit einer lauten Party. Zeigen Sie die kleine Katze nicht zu vielen Leuten; sie muss zuerst mit Ihnen und Ihrer Familie vertraut werden, und zu viele Fremde verwirren sie.

Geben Sie ihr ein wenig Futter und lassen Sie sie in Ruhe fressen – Katzen mögen kein Publikum bei der Mahlzeit.

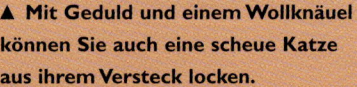

▲ **Mit Geduld und einem Wollknäuel können Sie auch eine scheue Katze aus ihrem Versteck locken.**

▲ **Zeigen Sie dem Kätzchen seinen Futternapf und die Katzentoilette. Beides darf nicht zu nahe beieinander stehen.**

Kätzchen im Alter von vier bis acht Monaten sollten drei bis fünf kleine Mahlzeiten am Tag erhalten. Stellen Sie immer frisches Wasser bereit, aber machen Sie sich keine Sorgen, wenn die Katze nicht trinkt – wahrscheinlich enthält das feste Futter genug Flüssigkeit. Sobald die Katze gefressen hat, setzen Sie sie sanft in die Katzentoilette, denn die Mahlzeit regt die Darmentleerung an.

Neue Freunde

Andere Haustiere und kleine Kinder sollten sich in den ersten Tagen vom Neuankömmling fernhalten. Achten Sie darauf, dass Ihre Kinder die Katze nicht schlagen, jagen oder packen. Lassen Sie die Katze in Ruhe, wenn sie sich unter dem Sofa oder hinter dem Kühlschrank versteckt – eine körperlose Hand, die vor ihrem Gesicht wedelt, könnte mit ihren Krallen Bekanntschaft machen. Kleine Kinder sollten sich auf den Boden setzen, während sie lernen, eine Katze zu halten. Sie lassen sie nämlich schnell fallen, wenn sie zappelt oder ihre Pfoten heftig bewegt.

Wenn Sie noch eine Katze oder einen Hund haben, sollten Sie den beiden Zeit geben, sich aneinander zu gewöhnen; aber bleiben Sie immer in der Nähe. Mischen Sie sich nicht ein, wenn sie raufen, solange sie sich nicht weh tun, sonst können die Spannungen sich nicht lösen. Sparen Sie nicht mit Zuneigung gegenüber den älteren Tieren, damit sie nicht eifersüchtig werden. Ist das ältere Tier kleiner (Zwergkaninchen, Meerschweinchen, Hamster), sollten Sie dafür sorgen, dass die Katze ihm keine Angst einjagt. Drücken Sie nicht der Katze zuliebe ein Auge zu.

Ein passender Name

Ein Kätzchen lernt seinen Namen rasch. Benutzen Sie ihn immer, wenn Sie mit ihm spielen oder es streicheln, vor allem aber beim Füttern. Belohnen Sie die Katze mit einem kleinen Leckerbissen, wenn Sie auf ihren Namen reagiert; das ermutigt sie, zu Ihnen zu kommen, wenn es Zeit zum Füttern ist. Lassen Sie die Katze erst dann in den Garten hinaus, wenn sie geimpft worden ist und sich an die neue Umgebung gewöhnt hat. In den ersten Tagen sollte sie nur kurz vor den Mahlzeiten hinausgehen. Rufen Sie sie oft, damit sie auch den Garten mit Ihnen assoziiert.

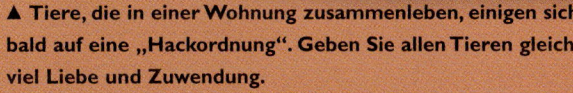

▲ Tiere, die in einer Wohnung zusammenleben, einigen sich bald auf eine „Hackordnung". Geben Sie allen Tieren gleich viel Liebe und Zuwendung.

?. Warum darf ich die Möbel nicht

A Das Kratzen ist ein instinktives Verhalten. Die Katze schärft damit ihre Krallen und markiert ihr Revier. Das Kratzen an Möbeln kann besonders dann zur Gewohnheit werden, wenn die Katze die Wohnung niemals verlässt oder mit einer anderen Katze zusammenlebt. Dagegen sollten Sie von Anfang an einschreiten; denn sobald die Katze damit angefangen hat, kann man es ihr nur schwer abgewöhnen. Schlagen Sie mit einer zusammengerollten Zeitung neben der Katze kräftig auf den Boden und sagen Sie „Nein!". Katzen verabscheuen laute Geräusche. Auch ein Spritzer aus der Wasserpistole auf den Körper der Katze (nicht ins Gesicht) ist wirksam. Kaufen Sie kein Sofa mit dickem, gewebtem Überzug – er ist für Katzenkrallen unwiderstehlich.

Wenn Katzen **kratzen**

Sie können einiges tun, damit Ihre Katze nicht entdeckt, wie viel Spaß das Kratzen an Möbeln macht.

❓ *Warum darf ich nicht auf den Tisch springen?*

Manche Katzen beobachten die Umgebung gerne von einem Tisch aus, andere springen auf Möbelstücke, um etwas zum Spielen zu finden. Einige Katzenbesitzer haben nichts dagegen; doch man sollte die Tiere nicht dazu ermutigen, denn es kann gefährlich für sie sein. Wenn eine junge, unerfahrene Katze auf den Küchenherd springt, kann sie sich die Pfoten auf der Herdplatte verbrennen oder in kochendem Wasser verbrühen. Scharfe Gegenstände können irrtümlich als Spielzeug angesehen werden und Verletzungen verursachen. Außerdem ist es unhygienisch, wenn eine Katze zwischen Lebensmitteln und Kochgeschirr herumläuft.

Sagen Sie einfach „Nein!", und setzen Sie die Katze sanft, aber bestimmt auf den Boden. Sie reagiert auf den Ton Ihrer Stimme und assoziiert das „Nein" bald mit falschem Verhalten. Wenn sie hartnäckig ist, klopfen Sie mit einer zusammengerollten Zeitung auf den Boden neben sie. Schlagen Sie eine Katze nie und fegen Sie sie nicht vom Möbelstück herunter.

Kaufen Sie als Alternative zum Sofa einen Kratzbaum oder machen Sie ihn selbst. Wenn er außerdem einen Sitzplatz hat, springt die Katze vielleicht auch nicht mehr auf den Tisch.

Katzen mögen glatte, glänzende Oberflächen nicht. Befestigen Sie Stücke eines solchen Materials an den Sofa- und Sessellehnen, das schreckt die Katze ab.

Q. Warum darf ich deine Gäste nicht um

A nfangs ist es noch niedlich, wenn die Katze um Futter bettelt. Mit der Zeit kann es jedoch zu einer ärgerlichen Gewohnheit werden, vor allem wenn Sie Gäste haben, die von Katzen nicht so begeistert sind wie Sie. Füttern Sie die Katze immer, bevor Ihr Besuch kommt. Erlauben Sie den Gästen nicht, die Katze vom Tisch aus zu füttern, und erinnern Sie das Tier mit einem scharfen „Nein!" daran, dass es nicht betteln darf. Wenn alles nichts hilft, muss die Katze das Zimmer verlassen.

? *Warum* laufe ich weg, wenn du Besuch hast?

Wenn die Katze immer gut behandelt wurde und keine schlechten Erfahrungen mit Menschen gemacht hat, sind ihr Gäste im Haus willkommen. Die meisten Katzen lernen gerne neue Leute kennen, die fremdartige Gerüche und interessante Taschen zum Durchstöbern mitbringen. Besonderen Spaß macht es ihnen, einem Besucher auf den Schoß zu springen, der gegen Katzenhaare allergisch ist oder Katzen nicht mag, und sich an seinem Unbehagen zu weiden. Es ist schwer zu sagen, warum eine normalerweise freundliche und gesellige Katze wegläuft, wenn sie eine fremde Person sieht. Vielleicht war ein Gast einmal besonders laut oder hat ihr auf andere Weise Angst eingejagt, ohne es zu wollen.

Essensreste anbetteln?

? Wie komme ich mit Kindern zurecht?

Die meisten Katzen sind mit Kindern erstaunlich nachsichtig und lassen sich ziehen und schieben, solange es ihnen nicht wehtut. Kätzchen wollen spielen, und es kann sein, dass sie in der Aufregung ein Kind beißen oder kratzen. Behalten Sie Katzen und Kleinkinder immer im Auge, wenn sie zusammen sind, und zeigen Sie dem Kind, wie man eine Katze sanft streichelt. Lassen Sie die Katze nicht ins Zimmer, wenn sie schon älter ist oder Kinder nicht mag.

Wenn Gäste kommen

Eine erwachsene Katze ist schwerer zu erziehen als eine junge, aber mit viel Geduld gelingt es Ihnen. Es dauert einige Zeit, bis das Tier sich an Besucher gewöhnt.

Keine Katze lässt sich zwingen, nett zu Besuchern zu sein. Wenn eine zappelnde Katze einem Gast entgegengestreckt wird, kratzt sie und wird noch nervöser.

Holen Sie die Katze in das Zimmer, in dem Sie sich mit Ihren Gästen aufhalten. Wahrscheinlich wird sie erst einmal unter dem Tisch verschwinden. Lassen Sie sie ruhig; sie muss sich erst an die fremden Menschen gewöhnen und sich davon überzeugen, dass sie harmlos sind.

Sobald die Katze nicht mehr so nervös auf Fremde reagiert, dürfen Besucher sich ihr mit einem Leckerbissen nähern. Wenn sie wollen, dürfen sie die Katze auch behutsam streicheln; sie sollten sie jedoch nie aus ihrem Schlupfwinkel ziehen.

Brauche ich ein Halsband?

A Es gibt zwei wichtige Gründe, warum eine Katze ein Halsband tragen sollte: Erstens, damit man sie identifizieren kann, wenn sie sich verirrt oder einen Unfall hat, und zweitens, um Flöhe zu bekämpfen (Flohhalsband). Ein Halsband mit Glöckchen hindert Katzen außerdem daran, erfolgreich Vögel zu jagen. Junge Katzen lassen sich am besten an ein Halsband gewöhnen, je älter sie werden, desto schwieriger wird es. Binden Sie das Band zunächst locker um – es könnte sein, dass die Katze sich durch das Anlegen des Halsbandes bedroht fühlt und weglaufen will. Benutzen Sie ein elastisches Band, damit es die Katze nicht würgt, wenn es irgendwo hängen bleibt. Prüfen Sie, ob Sie zwei Finger bequem unter das Band schieben können. Die meisten Kätzchen gewöhnen sich schnell an ein Halsband; behalten Sie die Katze dennoch im Auge und achten Sie darauf, ob das Halsband sie stört oder nervös macht. Wenn nötig, entfernen Sie das Band und legen es am nächsten Tag wieder um, so lange bis das Tier sich daran gewöhnt hat. Flohbänder eignen sich nicht für kleine Katzen.

? Kannst du mich an der Leine spazieren führen?

Es ist nicht einfach, aber es ist möglich. Manche Rassen, zum Beispiel Siamesen und Burmesen, sind leicht zu führen, die meisten Katzen weigern sich jedoch rundweg, an der Leine zu gehen. Befestigen Sie die Leine immer an einem Geschirr, nicht am Halsband, da viele Katzen durch das Halsband hindurchschlüpfen können. Legen Sie der Katze Geschirr und Leine in der Wohnung an und lassen Sie sie die Leine zunächst nur mitschleifen. Später nehmen Sie das Ende der Leine in die Hand und lassen die Katze herumlaufen, wo sie möchte. Dann können Sie allmählich beginnen, die Katze zu führen. Gehen Sie mit der Katze erst ins Freie, wenn sie gegen die Leine nichts mehr einzuwenden hat.

Katzenklappen

Für eine unabhängige Katze ist die Katzentür eine gute Lösung, wenn ihr Besitzer nicht immer zu Hause ist.

Eine einfache Katzentür erlaubt es der Katze zu kommen und zu gehen, wann sie möchte. Aus Sicherheitsgründen und damit Ihre Katze nachts in der Wohnung bleibt, sollten Sie eine abschließbare Tür wählen. Damit die Katze bequem hindurchschlüpfen kann, sollte die Tür etwa 15 cm über dem Boden angebracht sein. Die meisten Katzen lernen rasch, eine Katzentür zu benutzen. Heben Sie die Klappe hoch und führen Sie die Katze hindurch. Legen Sie ein wenig Futter auf die andere Seite, um die Katze zu ermutigen, wenn sie anfangs zögert. Die Tür darf nicht heftig zufallen, um das Tier nicht zu erschrecken.

Eine elektromagnetische Tür öffnet sich nur, wenn die Katze den richtigen Magneten am Halsband trägt. Das hält fremde Katzen davon ab, ins Haus zu kommen, und empfiehlt sich vor allem dann, wenn Ihre Katze nicht sterilisiert ist.

Wie soll ich mich gesund ernähren

Wie viele Mahlzeiten brauche ich

Ich mag Huhn! Warum bekomme ich die Knochen nicht

SPECIAL: Die schlanke Linie

Warum scharre ich am Futternapf

Was soll ich fressen wenn ich mich nicht wohl fühle

Kann ich mich vegetarisch ernähren

Ist Katzenminze gut für mich

Warum trinke ich aus einer Pfütze

So füttern Sie Ihre Katze

Eine Katze hat ein komplexes Verdauungssystem, darum braucht sie ausgewogene Kost. Da Katzen häufig wählerische Fresser sind, sollten Sie wissen, was Ihr Tier braucht, um gesund zu bleiben, und wie man eine Mahlzeit so zusammenstellt, dass sie ihm auch schmeckt.

?·Wie soll ich mich gesund ernähren?

A Man kann es einer Katze ansehen, wenn sie keine ausgewogene Nahrung bekommt. Um gesund zu bleiben, braucht sie die gleichen Nährstoffe wie ein Mensch: Eiweiß für das Wachstum und für die Geweberegeneration, essenzielle Fettsäuren für ein glänzendes Fell, Kalzium und Vitamin D für starke Knochen und Zähne, Kohlenhydrate als Energiequelle und Ballaststoffe. Sie benötigt kein Vitamin B12 und stellt die Vitamine C und K selbst her. Trockenfutter und Knochen stärken Zähne und Zahnfleisch und verhindern Zahnsteinbildung. Geben Sie Ihrer Katze aber nie Knochen, die splittern; ungekochte Röhrenknochen sind für Katzen am besten geeignet.

? *Welches* Futter ist für ein Kätzchen gesund?

Im Alter von etwa vier bis fünf Wochen beginnen Kätzchen, feste Nahrung zu fressen. Probeweise naschen sie schon früher am Futternapf der Mutter. Geben Sie einem Kätzchen zunächst halbflüssiges Futter, das es auflecken kann, zum Beispiel Milch mit Getreideflocken, gekochten, fein gehackten Fisch oder passiertes Hühnerfleisch. Sobald Ihr Kätzchen sechs Wochen alt ist, können Sie ihm Fertigfutter anbieten, das speziell für die Bedürfnisse von Jungtieren zugeschnitten ist.

Katzenmenü

Obwohl Fertignahrung alle Nährstoffe in ausgewogenem Verhältnis enthält, bekommen viele Katzen Frischkost. Achten Sie darauf, dass selbst zubereitetes Futter den Bedürfnissen der Katze entspricht.

? *Ist* Fertignahrung für mich am besten?

Fertignahrung für Katzen wird von Ernährungswissenschaftlern zusammengestellt. Sie enthält alle Vitamine, Mineralien und sonstigen Nährstoffe, die eine Katze braucht, und stellt eine vollwertige Kost dar. In Dosenfutter ist ausreichend Wasser enthalten; wenn Sie Ihrer Katze nur Trockenfutter geben, müssen Sie immer frisches Wasser daneben stellen, sonst drohen Blasenerkrankungen. Auch Katzen lieben Abwechslung, zum Beispiel Dosenfutter und Trockenfutter in verschiedenen Geschmacksrichtungen. Frisches Fleisch oder frischer Fisch sind gelegentlich erlaubt, könnten die Katze aber zu sehr verwöhnen. Hundefutter sollte man nicht anbieten, da es den Bedürfnissen einer Katze nicht genügt.

Fisch, Fleisch, Geflügel, Eier und Käse sind gute Eiweißquellen. Geben Sie Ihrer Katze jedoch nicht mehr als zwei Eier in der Woche zu fressen. Die Eier sollten gekocht sein, Käse hingegen können Sie roh oder gekocht anbieten. Öliger Fisch hilft bei der Reinigung des Darms.

Gemüse ist zwar gesund, doch für die meisten Katzen kein Leckerbissen. Sie können gekochte Gemüsereste ins Katzenfutter mischen, wenn Ihre Katze es mag. Wenn sie gerne Obst frisst, geben Sie ihr ruhig ab und zu ein Stück.

Stärkereiche Kost, zum Beispiel Reis und Nudeln, enthält wichtige Ballaststoffe. Sie sollte aber nicht mehr als ein Drittel des Futters ausmachen.

Kätzchen, die weniger als fünf Monate alt sind, sollten vier oder fünf Mahlzeiten am Tag erhalten. Im Alter von fünf bis zwölf Monaten sollte die Zahl der Mahlzeiten allmählich verringert werden; ausgewachsene Tiere bekommen in der Regel zweimal täglich Futter. Tests haben allerdings gezeigt, dass Katzen es vorziehen, öfter am Tag kleine Mengen zu fressen. Es gibt hier keine festen Regeln; die Katzen passen sich meist den Füttergewohnheiten ihrer Halter an. Achten Sie darauf, dass die Nahrung frisch und vor Fliegen geschützt ist. Feuchte Nahrung verdirbt schnell und ist ein willkommener Nährboden für Bakterien. Leeren und reinigen Sie den Napf jeden Tag.

Bei heißem Wetter sollten Sie das Futter am besten im Kühlschrank aufbewahren. Wärmen Sie es ein wenig auf, bevor Sie es der Katze geben. Katzen bevorzugen leicht erwärmtes Futter – es entspricht der Körpertemperatur ihrer natürlichen Beute. Leckerbissen zwischen den Mahlzeiten verwöhnen die Katze und fördern Übergewicht.

wie viele

Mahlzeiten brauche ich ?

? *Wie lange darf ich fasten?*

Katzen können viel länger ohne Nahrung aus-
kommen als Menschen; sie überleben
wochenlang ohne Futter. Bei Wasser-
mangel trocknen sie jedoch aus und
sterben. Normalerweise trinken Hauskatzen
nicht viel, weil ihr Futter genügend Flüssigkeit
enthält. Lassen Sie Ihre Katze nie länger als einen
Tag allein zu Hause, ohne dass sie Zugang zu Futter
hat. Sie wird nicht nur nervös, weil sie „verlassen"
wurde und ihre gewohnten Mahlzeiten ausfallen,
sondern macht sich womöglich draußen auf
Futtersuche. Dabei kann sie einen Unfall erleiden
oder sich verirren.

So wird serviert

**Katzen würden ihr Futter am liebsten auf dem Fußboden
serviert bekommen, aber sie haben auch nichts gegen Näpfe
oder Schalen. Halten Sie die Näpfe Ihrer Katze und das
Besteck, das Sie für das Katzenfutter verwenden, immer
sauber.**

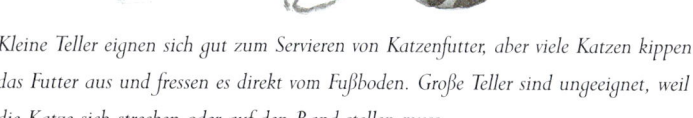

*Kleine Teller eignen sich gut zum Servieren von Katzenfutter, aber viele Katzen kippen
das Futter aus und fressen es direkt vom Fußboden. Große Teller sind ungeeignet, weil
die Katze sich strecken oder auf den Rand stellen muss.*

*Speziell für Katzen gefertigte Näpfe oder Plastikschalen sind das
ideale Geschirr. Katzen fressen nicht gerne aus tiefen Schalen –
sie wollen während der Mahlzeit die Umgebung beobachten. Ein
hoher Rand kann zudem auf den Hals der Katze drücken und sie
beim Schlucken behindern.*

*Futterspender mit
Zeitschaltuhr halten
das Futter frisch
und sorgen für die
gewohnte Regelmäßigkeit, während Sie weg sind. Wenn
Sie länger als 24 Stunden fort sind, bringen Sie die Katze am besten
bei zuverlässigen Nachbarn oder in einem Tierheim unter.*

Ich mag Huhn! Warum bekomme ich die

A Seit uralten Zeiten fressen Katzen in der Wildnis Vögel samt ihren Knochen, ohne dabei Schaden zu erleiden. Wilde Katzen kräftigen Zähne und Zahnfleisch beim Zermahlen von Knochen und benötigen das darin enthaltene Kalzium. Da die Knochen klein und roh sind, haben die Tiere keine Probleme damit. Hauskatzen dagegen können sich mit gekochten Hühnerknochen verletzen. Die Knochen können zerbrechen, im Maul stecken bleiben oder den Darm durchbohren. Wenn eine Katze gerne an Knochen nagt, geben Sie ihr am besten ungekochte Röhrenknochen von Schafen oder Rindern oder Hundeknochen aus dem Handel. Vielleicht genügen auch Leckerbissen, die sie gründlich kauen muss.

? Ich mag Leber!
Warum bekomme ich sie nicht öfter?

Leber enthält reichlich Vitamin A und kann einer Katze etwa alle zehn Tage angeboten werden. Bei ausgewogener Kost braucht die Katze jedoch kein zusätzliches Vitamin A; der Genuß von Leber kann zu einem Ernährungsungleichgewicht führen und Durchfall auslösen. Wird zuviel Vitamin A im Körper der Katze gespeichert, kann das schwere Störungen verursachen, zum Beispiel Gelenkschmerzen, Lähmung, Appetitlosigkeit und schmerzhafte Knochenwucherungen. Leber eignet sich am besten als gelegentlicher Leckerbissen.

Knochen nicht ?

Lieblingsspeisen

Manche Katzen entwickeln eine Vorliebe für bestimmte Nahrungsmittel, der man nicht nachgeben sollte. Nährstoffmangel und Krankheiten können die Folge sein.

? Ich mag Fisch!
Warum bekomme ich ihn nicht jeden Tag?

Wird eine Katze nicht ausgewogen ernährt, kommt es zu Nährstoffmangel. Außerdem können sich bei einseitiger Nahrung bestimmte Substanzen im Körper ansammeln und der Gesundheit schaden. Zu viel Fisch – vor allem Thunfisch in Dosen, öliger Fisch und Hering – kann zu einer Entzündung der Unterhautfettzellen führen, verbunden mit Schmerzen, Fieber, Lethargie, Steifheit und trockenem, schuppigem Fell. In diesem Fall sollten Sie Fisch vom Speiseplan streichen und der Katze Vitamin E verabreichen, dann wird sie schnell wieder genesen; Vorbeugung ist in jedem Fall besser.

Leben mehrere Katzen in einem Haushalt, findet man selten einen wählerischen Esser darunter. Geben Sie jeder Katze einen eigenen Napf. Alles weitere regeln die Katzen selbst.

Entwöhnen Sie eine Katze von ihrem Lieblingsfutter, indem Sie es allmählich durch anderes – ausgewogenes – Futter ersetzen.

SPECIAL

Die schlanke Linie

In der Wildnis haben Katzen keine Chance, übergewichtig zu werden. Bei Hauskatzen ist das ein häufiges Problem.

Viele Hauskatzen sind träge und bekommen zu viel Futter. Eine Katze sollte je nach Rasse etwa drei bis fünf Kilogramm wiegen. Übergewicht ist für Katzen zwar nicht so gefährlich wie für Menschen und Hunde, aber es belastet das Herz, die Leber und die Gelenke, vor allem bei älteren Tieren. Starkes Übergewicht verringert zudem die Lebenserwartung.

Der Rippentest

Der Rippentest verrät Ihnen, ob Ihre Katze übergewichtig ist. Wenn Sie die Rippen des Tieres nicht durch bloßes Streicheln ertasten können, leidet sie mit hoher Wahrscheinlichkeit an Übergewicht. Kann man dagegen jede einzelne Rippe spüren, ist die Katze zu mager.

Bei älteren Katzen, vor allem bei Weibchen, führen schlaffe Muskeln häufig zu einem Hängebauch. Deswegen muss die Katze nicht dick sein (sie kann sogar Untergewicht haben); aber machen Sie vorsichtshalber den Rippentest. Wenn Sie Zweifel haben, bringen Sie die Katze zum Tierarzt.

Eine kleine Katze setzen Sie zum Wiegen in einen Karton, wiegen dann den leeren Karton und berechnen die Differenz. Eine größere, unwillige Katze nehmen Sie auf den Arm und stellen sich mit ihr auf die Waage.

▲ Wenn Ihre Katze etwas übergewichtig ist, muss sie weniger fressen oder auf die Leckerbissen zwischendurch verzichten.

▼ Streichen Sie über die Seiten der Katze, ohne dabei zu drücken. Sie müssen alle Rippen spüren; allerdings sollten die Rippen nicht hervorstehen.

Subtrahieren Sie dann Ihr Gewicht, um das Gewicht des Tieres zu ermitteln. Vielleicht brauchen Sie beide eine Diät!

Katzendiät

Übergewicht kann verschiedene Ursachen haben. Bringen Sie Ihre Katze zum Tierarzt, bevor Sie ihre Mahlzeiten reduzieren. Wenn eine krankhafte Störung vorliegt, muss das Tier behandelt werden. Ist die Katze gesund, bekommt sie zu viel Futter oder sie ist faul bzw. alt – oder beides. Vielleicht wird sie nicht nur von Ihnen versorgt, sondern auch von Ihren Nachbarn! Geben Sie ihr weniger zu fressen und sorgen Sie dafür, dass sie sich mehr bewegt.

Bei starkem Übergewicht sollte der Tierarzt eine Diät verschreiben. In den meisten Fällen ist die Katze aber nur leicht übergewichtig, und Sie wissen selbst, ob Sie ihr zu viel Futter gegeben haben. Eine Katze braucht zwei Mahlzeiten am Tag, jeweils etwa eine Dose (420 g) Fertignahrung. Wenn Ihre Katze eine Dose zum Frühstück und eine zum Mittagessen bekommt und zwischendurch noch einige Leckerbissen naschen darf, ist größere Zurückhaltung angezeigt. Bleiben Sie bei den zwei Mahlzeiten am Tag, aber geben Sie ihr nichts mehr zwischendurch. Vielleicht müssen Sie auch eine andere Futtersorte wählen, die mehr Ballaststoffe enthält. Oder versuchen Sie es mit einer halben Dose pro Mahlzeit – vielleicht holt sich Ihre Katze den Rest woanders.

Es ist wichtig, dass die Katze langsam abnimmt. Eine Blitzdiät kann zu tödlichen Leberschäden führen. Jede Diät sollte vom Tierarzt überwacht werden.

Bewegung

Nehmen Sie sich Zeit, um mit Ihrer Katze zu spielen. Wenn sie täglich fünfzehn Minuten mit zusammengeknülltem Papier, einem Ball oder einem Korken spielt, wird sie bald schlanker. Lassen Sie einige leere Papiertüten herumliegen und offene Kartons herumstehen. Die meisten Katzen wollen diese Dinge erforschen, und dabei treiben sie gleichzeitig ein wenig Sport.

Eine dicke Katze ist keine zufriedene Katze, sondern eine Katze, die zu schmerzhaften Krankheiten neigt und früher stirbt.

▲ **Wenn die Katze nicht auf der Waage bleibt, setzen Sie sie in einen Karton.**

▲ **Spielen Sie mit Ihrer Katze, damit sie fit bleibt und überschüssige Kalorien verbrennt.**

? *Warum* habe ich manchmal keinen Appetit?

Der Grund ist meist eine Magenverstimmung durch unbekömmliches Futter. Von da an lehnt die Katze dieses Futter instinktiv ab, um sich zu schützen. Es kann auch sein, dass der Futternapf unangenehm riecht. Bei heißem Wetter hat die Katze vielleicht keine Lust zu fressen oder die Hitze hat das Futter verdorben. Denken Sie auch daran, dass Katzen nicht gerne an hellen, lauten Plätzen fressen, wo sie oft gestört werden. Katzen kommen zwar lange ohne Futter aus, müssen dann aber mehr trinken. Wenn die Katze fressen will, dabei jedoch Schwierigkeiten hat, ist möglicherweise etwas im Maul oder in einem Zahn steckengeblieben. In diesem Fall sollte der Tierarzt den Fremdkörper sofort entfernen.

A Die Katze möchte damit nicht die Köchin kritisieren, sondern sie versucht instinktiv, ihr Futter zuzudecken und für später aufzuheben. In der Wildnis sorgt die Katze für Futtervorräte, indem sie die verbliebenen Reste der Beute mit Laub oder Erde zudeckt.

? Warum scharre ich am Futter-

napf

Platzwechsel

Die meisten Katzen holen gelegentlich ihr Futter aus dem Napf und fressen es direkt vom Fußboden. Das kann daran liegen, dass der Geruch des Napfes sie abstößt.

Katzen mögen es, wenn der Napf breiter ist als ihre Schnurrhaare. Andernfalls holen sie das Futter vielleicht heraus.

Wenn Sie ein großes Stück Fleisch oder einen ungefährlichen Knochen in den Napf legen, zieht die Katze das Stück instinktiv heraus und trägt es davon, wie sie es auch mit einer gefangenen Beute in der Wildnis tun würde. Legen Sie es zurück in den Napf und sagen Sie „Nein!", oder geben Sie der Katze breiiges Futter, das sie nicht herausholen kann.

AEine kranke Katze verliert meist den Appetit. Katzen können tagelang fasten, aber sie müssen immer genügend trinken. Man bietet ihnen am besten Rinderbrühe oder warmes Wasser mit Honig an. Auch Proteinzusatz für das Trinkwasser (erhältlich beim Tierarzt oder in Tierhandlungen) ist einen Versuch wert. Wenn es nötig ist, sollten Sie die Katze mit dem Löffel füttern. Ist sie zu schwach zum Fressen, muss der Tierarzt ihr Infusionen verabreichen. Zwingen Sie einer Katze kein Futter auf und ver-suchen Sie nie, ein bewusstloses Tier zu füttern oder ihm Wasser einzuflößen – es könnte ersticken. Wenn es der Katze besser geht, kommt sie mit kleinen, regelmäßigen Mahlzeiten wieder zu Kräften. Es ist wichtig, dass sie so bald wie möglich wieder normal frisst. Verführen Sie sie also mit ihrem Lieblingsfutter, sofern es nahrhaft ist.

Was soll ich fressen, wenn ich mich

Verführerische Tricks

Wenn eine Katze den Appetit verloren hat, muss man ihn langsam und behutsam wieder anregen. Katzen reagieren auf den Geruch des Futters. Wenn Ihre Katze Schnupfen hat und Gerüche nicht mehr so gut wahrnimmt, sollten Sie ihr intensiv riechendes Futter geben.

nicht wohl fühle?

Stark riechendes Futter, zum Beispiel Makrelen, Sardinen oder Thunfisch, regt den Appetit der Katze an. Sie können auch Rinderbrühe oder Hefeextrakt ins Futter mischen. Wenn die Katze Atemprobleme hat, säubern Sie ihr behutsam die Nase. Ein Nasenspray kann dazu beitragen, dass sie Gerüche wieder wahrnehmen kann und somit auch wieder Appetit bekommt.

? Was ist besser für mich: rohes oder gekochtes Fleisch?

Wenn Ihre Katze mit frischer Kost ernährt wird, sollte gekochtes Fleisch ein fester Bestandteil des Futters sein. Beim Kochen werden Bakterien abgetötet, auch jene, die Toxoplasmose verursachen, eine Krankheit, die auf Menschen übertragen werden kann. Roher Fisch, etwa Hering oder Karpfen, enthält das Enzym Thiamin, das das Vitamin B1 der übrigen Nahrung zerstört, sodass durch seinen Verzehr Mangelerscheinungen verursacht werden können. Um dem vorzubeugen und Bakterien und giftige Substanzen unschädlich zu machen, sollte Fisch immer kurz gegart werden.

Streichen Sie ein wenig Futter auf die Nase der Katze. Beim Ablecken bekommt sie vielleicht Appetit.

Will Ihre Katze nicht fressen, können Sie aus dem Futter weiche, erbsengroße Kugeln formen, die Sie dem Tier wie Pillen verabreichen. Zwingen Sie die Katze aber nicht zum Fressen, und achten Sie darauf, dass sie beim Kauen Luft bekommt.

...kann ich mich vegetarisch ernähren?

A Nein. Katzen brauchen für ihre Gesundheit regelmäßig tierisches Eiweiß. Eine erwachsene Katze braucht doppelt so viel Eiweiß wie ein Hund. Eiweiß besteht aus Aminosäuren, die für das Wachstum und die Gesundheit unerlässlich sind. Einige dieser Aminosäuren sind auch in Eiern und Getreide enthalten, andere jedoch nur im Fleisch. Eine Aminosäure namens Taurin beugt Blindheit und bestimmten Herzerkrankungen vor. Die meisten Säugetiere stellen Taurin aus anderen Aminosäuren her; Katzen sind dazu nicht in der Lage und müssen Taurin mit der Nahrung aufnehmen.

Das Verdauungssystem der Katze kann auch keine Linolsäure herstellen, es erhält sie einzig aus den Fleischbestandteilen im Futter. Diese Säure wird zur Herstellung von Blutkörperchen benötigt; gleichzeitig unterstützt sie zahlreiche Körperfunktionen, zum Beispiel die Blutgerinnung und die Fortpflanzung. Außerdem können Katzen aus pflanzlicher Nahrung kein Vitamin A gewinnen, sondern müssen es tierischem Gewebe entnehmen. Vitamin A ist jedoch lebenswichtig. Wenn Sie Ihrer Katze gute Fertignahrung geben, bekommt sie genügend Eiweiß und alle Nährstoffe, die sie braucht.

? Brauche ich zusätzliche Vitamine und Mineralien?

Nicht bei ausgewogener Kost. Frisst die Katze allerdings vorwiegend Fleisch, braucht sie zusätzlich Kalzium, Phosphor und B-Vitamine. Geben Sie ihr zwischendurch Katzenfutter ohne Fleisch oder sterilisiertes Knochenmehl. Allzu viel davon ist jedoch ungesund, Sie sollten sich daher genau an die Mengenangaben des Herstellers halten.

? Gibt es natürliche Zusätze für mein Futter?

Sie können dem Futter Ihrer Katze Petersilie beimengen. Sie ist reich an Kalzium, Phosphor, Eisen und den Vitaminen A, C und E. Alfalfa-Gras ist ein bewährtes Stärkungsmittel, vor allem nach einer Krankheit; es wirkt appetitanregend und verdauungsfördernd, stabilisiert das Körpergewicht und verbessert den Allgemeinzustand. Mischen Sie täglich einen halben Teelöffel Alfalfa ins Futter des Tieres. Welche Zusatzpräparate kranke oder trächtige Katzen brauchen, muss der Tierarzt entscheiden.

Kleine Extras

Selbst wenn Ihre Katze abwechslungsreiche Kost bekommt, sucht sie nach kleinen Extras.

Die meisten Katzen fressen gelegentlich Gras. Fellhaare, die durch das Putzlecken in den Magen der Katze gelangt sind, können zusammen mit dem Gras erbrochen werden. Außerdem enthält es B-Vitamine, die bei überwiegender Fleischkost oft fehlen, und Ballaststoffe, die Verstopfung beseitigen. Das Gras schadet der Katze nur, wenn es zuvor mit Herbiziden oder Insektiziden besprüht wurde.

Katzen, die sich im Freien bewegen dürfen, jagen und fressen manchmal Vögel und andere Kleintiere, auch wenn sie von ihrem Besitzer genügend Futter bekommen. Der Jagdtrieb ist sehr stark und lässt sich nicht unterdrücken. Schelten Sie also Ihre Katze nicht, wenn sie einen Vogel mit nach Hause bringt – für sie ist das ein völlig normales Verhalten.

... Ist Katzenminze gut für mich?

A Für manche Katzen ist die Katzenminze das, was ein Glas Wein für Menschen ist. Sie bekommen davon einen Schwips, werden albern und wollen mit der Pflanze spielen. Sie reiben sich daran, betasten sie, werfen sie in die Luft und fangen sie auf. Man nimmt an, dass Katzenminze eine Chemikalie enthält, die einen ähnlichen Geruch ausströmt wie eine nicht sterilisierte Katze. Darum reagieren Kater meist stärker auf das Kraut als Weibchen oder kastrierte Männchen. Baldrian hat eine ähnliche Wirkung. Beide Kräuter sind für Katzen völlig harmlos.

? *Warum* *habe ich plötzlich seltsame Fressgewohnheiten?*

Manche Katzen entwickeln plötzlich Appetit auf Wolle, Stoff und andere ungewöhnliche Dinge. Vor allem verwaiste, unterernährte und zu früh entwöhnte Katzen saugen gerne an Wolle oder Stoff. Es kann auch eine Reaktion auf Stress sein. Die Wolle ersetzt die Zitze der Mutter, und wenn die Katze daran saugt, tretelt sie mit den Pfoten und schnurrt – sie verhält sich wieder wie ein Kätzchen nach der Geburt. Man nimmt an, dass der Lanolingeruch der Wolle die Katze an ihre Mutter erinnert. Oft legt sich dieses Verhalten, wenn die Katze älter wird, doch es kann auch ein

Leben lang andauern. Es ist nicht ungefährlich, weil hinuntergeschluckte Stoff- oder Wollfasern den Magen verstopfen können und operativ entfernt werden müssen. Einige Katzen sind von dieser schlechten Angewohnheit derart besessen, dass selbst ein lautes Geräusch oder ein scharfes „Nein!" sie nicht davon abbringen kann. Mehr Erfolg werden Sie haben, wenn Sie alte Kleidungsstücke mit Eukalyptus oder Menthol besprühen und der Katze zur Verfügung stellen. Es gibt auch Katzen, die an Gummi, Elektrokabeln oder Kühlschrankdichtungen knabbern. Defekte Kabel sind nicht nur für sie, sondern auch für Menschen gefährlich.

Das süße Leben

Hauskatzen haben heute kaum mehr zu tun, als jeden Tag zur gleichen Zeit ihr Futter in Empfang zu nehmen, fertig zubereitet und in bequeme Happen geschnitten. Sie brauchen sich weder auf die Lauer zu legen noch Beute zu jagen und zu töten.

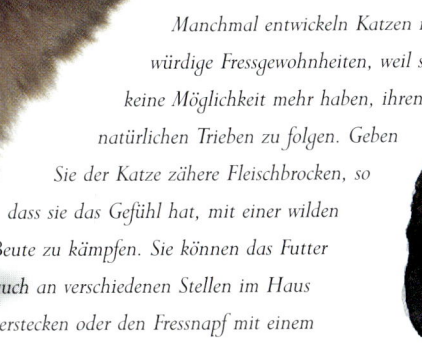

Manchmal entwickeln Katzen merkwürdige Fressgewohnheiten, weil sie keine Möglichkeit mehr haben, ihren natürlichen Trieben zu folgen. Geben Sie der Katze zähere Fleischbrocken, so dass sie das Gefühl hat, mit einer wilden Beute zu kämpfen. Sie können das Futter auch an verschiedenen Stellen im Haus verstecken oder den Fressnapf mit einem Zweig bedecken, damit das Tier für sein Futter ein wenig „arbeiten" muss.

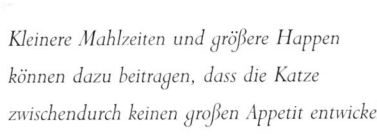

Katzen jagen manchmal sogar Insekten und Spinnen, weil sie einem uralten Instinkt folgen.

Kleinere Mahlzeiten und größere Happen können dazu beitragen, dass die Katze zwischendurch keinen großen Appetit entwickelt.

? Warum trinke ich aus einer Pfütze

A Katzen können ohne Futter ziemlich lange überleben, aber Wasser ist für sie lebenswichtig. Eine Schale mit sauberem, frischem Wasser sollte immer für Ihre Katze bereitstehen, vor allem wenn sie Trockenfutter bekommt. Katzen decken einen großen Teil ihres Wasserbedarfs durch die Nahrung ab, und wenn sie Trockenfutter fressen, brauchen Sie bis zu siebenmal mehr Wasser als bei Dosennahrung. Viele Katzen trinken aber lieber aus schmutzigen Pfützen.

Vielleicht ist Ihrer Katze das frische Wasser zu kalt – sie bevorzugt körperwarmes Futter und Wasser. Oder sie mag die Chemikalien in unserem Trinkwasser nicht. Manchmal nimmt sie das Wasser erst nach einigen Tagen, wenn die Chemikalien verdunstet sind. Achten Sie darauf, dass Näpfe und Schalen keine Rückstände von Reinigungsmitteln enthalten; ihr Geruch stößt die Katze ab. Das gilt vor allem für die Wasserschale, wo der Geruch nicht vom Duft des Futters überlagert wird.

Ein Trinkproblem

Warum trinken Katzen lieber aus Pfützen, Tümpeln, Badewannen und sogar Toiletten? Eine wilde Katze sucht nach dem Fressen ein Wasserloch, um ihren Durst zu stillen, und die kleine Schale in einer Ecke der Küche stellt für sie keinen vollwertigen Ersatz dar.

? *Soll ich Milch anstatt Wasser bekommen?*

Nein. Wasser ist für die Katze lebenswichtig. Milch eignet sich als gelegentlicher Leckerbissen, ist aber kein Ersatz für Wasser. Bei vielen erwachsenen Katzen löst Kuhmilch sogar Durchfall aus, der zu Austrocknung führt und daher lebensgefährlich sein kann. Manchmal wird Ziegenmilch besser vertragen; aber da die Katze keine Milch braucht, sollte man lieber ganz auf sie verzichten.

Reichen Sie der Katze Wasser in einem größeren Gefäß, zum Beispiel in einem großen Blumenübertopf.

Eine Katze berührt die Wasseroberfläche zunächst mit der Pfote, um herauszufinden, wie weit das Wasser entfernt ist. Sie möchte sich nicht die Nase nass machen!

? *Kann Wasser mir schaden?*

Nur bei Erbrechen darf eine Katze nichts trinken. Wenn sie erbrochen hat, ist sie durstig, doch das Schlucken von Wasser löst den Brechreiz erneut aus. Häufiges Erbrechen kann wie Durchfall zu Austrocknung führen. Nach dem Erbrechen sollte die Katze zwei Stunden lang nichts fressen oder trinken. Danach können Sie ihr probeweise Wasser in kleinen Mengen anbieten. Wenn sie sich nicht mehr erbricht, kann sie jede Stunde ein wenig Wasser bekommen. Bei anhaltendem Brechreiz sollte sie erst nach etwa acht Stunden wieder Flüssigkeit zu sich nehmen. Ist der Brechreiz dann noch nicht abgeklungen, müssen Sie sofort einen Tierarzt konsultieren.

Wie findest du einen Tierarzt für mich

Was ist mein drittes Augenlid

Wie pflegst du mich, wenn ich krank bin

Kann ich dich anstecken

Was musst du in einem Notfall tun

SPECIAL: Ein sicheres Heim

Warum kratze ich mich so oft

Warum putze ich mich so oft

Wie pflegst du eine Langhaarkatze

Warum untersuchst du meine Zähne

Warum sollten Kater kastriert werden

Woran siehst du, dass eine Katze paarungsbereit ist

Wie geht es mir im Alter

So pflegen Sie Ihre Katze

Katzen können sich gut um sich selbst kümmern. Wegen ihrer natürlichen Neugier und einiger unvermeidbarer Krankheiten kann es jedoch zu Situationen kommen, in denen Grundkenntnisse in erster Hilfe nötig sind. Sicherheit im Haus, Wiederbelebung, Krankheitssymptome und Sterilisation sind einige wichtige Themen, über die ein liebevoller Katzenbesitzer sich informieren sollte.

wie findest du einen Tierarzt für mich?

A Die Wahl des Tierarztes ist fast so wichtig wie die Wahl eines Arztes oder Zahnarztes für einen Menschen. Erkundigen Sie sich bei anderen Katzenhaltern nach guten Ärzten und fragen Sie nach dem Honorar, den Sprechstunden und dem Notdienst. Besuchen Sie den Arzt und beobachten Sie, wie er mit der Katze umgeht. Eine Behandlung kann sehr teuer sein, und der Tierarzt kann Ihnen eine Krankenversicherung für die Katze empfehlen. Gehen Sie mit der Katze einmal im Jahr zu einer Generaluntersuchung und zum Impfen. Wenn sie krank aussieht, nichts frisst oder Probleme mit der Verdauung hat, sollten Sie sofort mir ihr zum Arzt gehen.

? *Warum interessierst du dich für meine Ausscheidungen?*

Wenn eine Katze krank ist, geben Kot und Urin dem Tierarzt wichtige Hinweise für die Diagnose. Achten Sie auch auf die Haltung des Tieres, wenn es zur Katzentoilette geht; sie kann ein Warnsignal für Probleme mit Blase oder Darm sein. Eine gesunde Katze uriniert schnell, ohne Anstrengung oder Schmerzen, und nimmt eine entspannte Haltung ein. Wenn sie Schwierigkeiten mit der Entleerung von Blase oder Darm hat, sollten Sie mit ihr zum Tierarzt gehen.

Verloren und gefunden

Wenn Ihre Katze einen Unfall hat oder sich verirrt, ist es wichtig, dass der Finder Sie unterrichten kann.

Die Katze sollte ein Halsband mit einem Schild tragen, auf dem Ihre Adresse und Telefonnummer steht. Prüfen Sie regelmäßig, ob das Band noch vorhanden ist – manche Katzen reißen es ab oder schlüpfen heraus.

? *Brauche ich jedes Jahr eine Impfung?*

Ja, und zwar gegen Enteritis infectiosa (auch Katzenstaupe oder Katzenseuche genannt) und Katzenpneumonie (Katzengrippe, Katzenschnupfen). Enteritis infectiosa ist eine sehr ansteckende und tödliche Infektion des Verdauungssystems. Oft werden ihre Symptome leider erst erkannt, wenn es schon zu spät ist. Eine ganze Reihe von Viren kann die Atemwege befallen und die Katzenpneumonie hervorrufen; die Symptome sind beispielsweise Appetitlosigkeit, Niesen und Bindehautentzündung. Wenn man die Krankheit nicht rechtzeitig behandelt, kann ihr Verlauf tödlich sein. Alle Kätzchen sollten im Alter von etwa acht Wochen gegen Enteritis infectiosa und Katzenpneumonie geimpft werden. Vorher dürfen sie das Haus nicht verlassen und müssen sich von anderen Katzen fern halten. Eine jährliche Auffrischimpfung ist ratsam. Katzen kann man auch gegen andere Viren impfen, zum Beispiel gegen das Leukämievirus. Impfungen sind besonders wichtig, wenn die Katze das Haus verlassen darf oder mit anderen Katzen zusammenlebt.

Eine andere Lösung ist ein winziger Mikrochip mit einer Identifikationsnummer. Er wird unter die Nackenhaut injiziert. Wenn jemand die Katze findet und zum Tierarzt bringt, kann dieser anhand der Nummer und einer Datenbank den Besitzer des Tieres feststellen.

Was ist das dritte Augenlid

? *Ist das dritte Augenlid ein Krankheitssymptom?*

Die Blinzhaut kann gelegentlich auch bei völlig gesunden Katzen sichtbar sein. Bei manchen Katzen ist ein kleiner Teil des dritten Augenlids immer zu sehen.

A Das dritte Augenlid befindet sich im inneren Augenwinkel. Es wird auch Blinz - oder Nickhaut genannt und dient dem Schutz des Katzenauges. Bei grellem Licht verdeckt die Blinzhaut einen Teil des Auges und wirkt auf diese Weise als Filter. Außerdem reinigt sie das Auge und schützt es vor Schmutz und Staub. Manchmal verfangen sich Grassamen oder Staubkörner darunter und müssen unter Narkose entfernt werden. Wenn nur eine der beiden Blinzhäute zu sehen ist, wenn das Auge tränt oder die Katze es mit der Pfote betastet, sollten Sie den Tierarzt konsultieren. Oft ist das dritte Lid nur sichtbar, wenn die Katze krank ist; in diesem Fall wird das Fettpolster abgebaut, das die Augen vor Stößen schützt, weil das gespeicherte Körperfett zur Energiegewinnung benötigt wird. Das Auge fällt dann etwas ein und wird teilweise von der Blinzhaut bedeckt. Das kann ein nützliches Warnsignal sein: Wenn das dritte Lid länger als einen oder zwei Tage sichtbar bleibt, sollten Sie die Katze zum Tierarzt bringen.

? *Muss* meine Nase feucht sein?

Es gibt viele Anzeichen, die auf eine Erkrankung der Katze hindeuten. Eine gesunde Katze hat zum Beispiel eine feuchte Nase, die jedoch nicht läuft. Das Tier ist aufmerksam und aktiv, und es frisst und trinkt normal. Wenn die Katze sich erbricht, hustet oder niest, das Auge mit der Pfote betastet oder häufig den Kopf schüttelt, sollte der Tierarzt sie untersuchen.

Untersuchen Sie die Zähne und das Zahnfleisch der Katze. Die Zähne sollten weiß, das Zahnfleisch und der Gaumen rosa sein. Wenn Zähne oder Zahnfleisch gelb verfärbt sind oder der Atem der Katze sehr schlecht riecht, sollten Sie einen Tierarzt konsultieren.

Untersuchung

Wenn Ihre Katze lustlos ist und keinen Appetit hat, wenn das dritte Lid sichtbar oder der Pelz struppig und glanzlos ist, ist das Tier möglicherweise krank. Die folgenden Maßnahmen helfen Ihnen zu entscheiden, ob Sie den Rat eines Tierarztes brauchen. Bei Zweifel ist es immer besser, den Arzt zu konsultieren und nicht zu warten, bis es zu spät ist. Der Zustand einer Katze kann sich sehr rasch verschlechtern.

Um den Puls der Katze zu messen, sollten Sie sie am besten auf einen Tisch legen. Halten Sie sie behutsam fest und reden Sie beruhigend auf sie ein. Legen Sie Ihre Finger an die Innenseite eines Hinterbeines, weit oben, wo das Bein in den Leib übergeht. Eine gesunde Katze hat einen Puls von etwa 120 Schlägen in der Minute.

Zum Temperaturmessen werden Sie einen Helfer brauchen, der die Katze währenddessen festhält. Benutzen Sie ein Fieberthermometer mit stumpfem Ende. Schütteln Sie das Quecksilber nach unten und bestreichen Sie das Einführende des Thermometers mit Vaseline. Heben Sie den Schwanz hoch und führen Sie das Thermometer sanft etwa 2,5 cm in den After der Katze ein. Winkeln Sie es leicht an, so dass es die obere Darmwand berührt. Ziehen Sie es nach einer Minute heraus und wischen Sie es ab. Eine gesunde Katze hat eine Körpertemperatur von 38–39° C.

? .wie pflegst du mich, wenn ich krank bin ?

Eine kranke Katze bietet einen jämmerlichen Anblick. Widerstehen Sie dem Impuls, das Tier auf den Arm zu nehmen und zu streicheln. Kranke und genesende Katzen wollen in Ruhe gelassen werden. Suchen Sie einen ruhigen, geschützten und warmen Platz im Haus, bereiten Sie der Katze dort mit Handtüchern, Laken oder ihrer Lieblingsdecke ein Lager, und lassen Sie das Tier allein. Wenn die Katze sich selbst einen Platz sucht – unter dem Bett oder unter dem Sofa – lassen Sie sie dort. Ist sie sehr krank, sollten Sie verschmutzte Decken regelmäßig wechseln und die Katze behutsam säubern. Stellen Sie die Katzentoilette in die Nähe, aber nicht neben den Futternapf.

? *Brauche ich ein Medikament?*

Wenn eine Katze krank ist, sollten Sie mit ihr zum Tierarzt gehen, der möglicherweise Tabletten oder Tropfen verschreibt. Befolgen Sie die ärztlichen Anweisungen genau und setzten Sie die Behandlung wie verordnet fort, auch wenn es dem Tier besser geht. Seien Sie behutsam, wenn Sie der Katze ein Medikament geben. Reden Sie beruhigend auf sie ein und lassen Sie sich bei Bedarf von jemandem helfen. Es ist wichtig, dass die Katze die Arznei gleich beim ersten Versuch schluckt, sonst wird sie nervös und ängstlich. Wenn das Tier nicht zu krank ist, sollte es bei der Einnahme des Medikamentes stehen oder sitzen. Eine aggressive Katze sollten Sie in ein Handtuch wickeln.

Eine *hilfreiche Hand*

Es kann schwierig sein, einer Katze ein Medikament zu verabreichen, vor allem wenn es ihr schon besser geht und sie wieder recht kräftig ist.

Zum Verabreichen einer Tablette sollten Sie den Kopf der Katze von oben packen, sodass Zeigefinger und Daumen an ihren Mundwinkeln liegen. Neigen Sie den Kopf ein wenig nach hinten und drücken Sie mit beiden Fingern leicht, damit die Katze das Maul öffnet. Schieben Sie die Tablette so weit wie möglich hinein, schließen Sie rasch ihr Maul und halten Sie es zu, wenn möglich immer noch bei nach hinten geneigtem Kopf.

Massieren Sie die Kehle der Katze, um einen Schluckreiz auszulösen. Halten Sie das Maul zu, bis die Katze sich die Nase leckt. Das ist ein Zeichen dafür, dass sie die Tablette geschluckt hat. Viele Katzen täuschen das Schlucken nur vor und spucken die Tablette später aus. Zerdrücken Sie die Tablette nicht, denn einige Medikamente haben einen bitteren, unangenehmen Geschmack.

Tropfen werden am besten mit einer Spritze verabreicht (erhältlich beim Tierarzt und in Apotheken). Füllen Sie zunächst das Medikament in die Spritze. Halten Sie den Kopf der Katze behutsam, aber fest, und führen Sie die Spritze zwischen Wangenhaut und hinteren Backenzähnen ein. Spritzen Sie mehrmals eine kleine Menge in ihr Maul, damit die Katze nicht würgen muss. Halten Sie ihr hinterher das Maul zu.

? kann ich

AKrankheiten, mit denen Tiere Menschen infizieren können, nennt man Zoonosen. Am bekanntesten ist die Tollwut, die durch verschiedene Tierarten übertragen werden kann, allerdings häufiger durch wild lebende Tiere als durch Haustiere. Was Katzen betrifft, ist das Risiko einer Tollwutinfektion gering, doch es gibt hier durchaus Bakterien und Viren, die für Menschen gefährlich werden können. Toxoplasmose wird durch Erreger verursacht, die eine Katze mit rohem Fleisch aufnehmen kann. Auf Menschen werden sie meist durch Katzenkot übertragen. Diese Krankheit ist bei Kindern und Schwangeren gefährlich. Achten Sie also auf einwandfreie Hygiene. Tragen Sie bei der Gartenarbeit und beim Reinigen der Katzentoilette Handschuhe und bestehen Sie darauf, dass Kinder sich gründlich die Hände waschen, wenn sie draußen gespielt haben.

Auch Hautpilze, Flöhe, Läuse und Milben werden gelegentlich von Katzen auf Menschen übertragen. Sie lösen Juckreiz und Pusteln aus, sind aber leicht zu behandeln. Es ist jedoch für alle Familienmitglieder von Vorteil, die Katze vor diesen Parasiten zu schützen. Kratzer und Bisse einer Katze können Entzündungen hervorrufen. Reinigen Sie Wunden gründlich mit einem Antiseptikum. Wenn Sie mit Ihrer Katze behutsam und rücksichtsvoll umgehen, beißt oder kratzt sie nicht, es sei denn, sie ist krank oder hat Schmerzen.

Leukämie oder AIDS sind selbst durch Bisse nicht von Katzen auf Menschen übertragbar.

dich anstecken

? *Kannst du mich ansteckens?*

Menschen können keine Krankheiten auf Katzen übertragen, aber sie können mit Händen oder Kleidern Enteritisviren von einer Katze aufnehmen und eine andere damit infizieren. Deshalb sind Impfungen für Katzen so wichtig.

Rücksichtslosigkeit

Das Leben einer Katze ist nicht immer ein Zuckerlecken. Manchmal würde sie auf die Lebensweise und die Gewohnheiten ihres Besitzers gerne verzichten.

Lärm ist für Katzen keine Musik, denn ihre Ohren sind hochempfindlich und bleiben auch wachsam, wenn die Katze schläft. Das Ohr des Menschen erfasst niedrigere Frequenzen als das der Katze, dafür können Katzen viel höhere Frequenzen hören. Wir wissen nicht, ob Lärm einer Katze schaden kann; doch wenn sie ihn abstellen könnte, würde sie es bestimmt tun.

Katzen haben einen ausgeprägten Geruchssinn und sie mögen Zigarettenrauch gar nicht. Viele Katzen verlassen das Zimmer, sobald jemand eine Zigarette anzündet, aber die meisten lernen, sich damit abzufinden. Passivrauchen führt bei Katzen nicht zu Krebs, kann aber Asthmaanfälle auslösen oder verstärken. Auch Atembeschwerden, zum Beispiel Bronchitis, werden durch Zigarettenrauch verschlimmert.

Katzen trinken im Allgemeinen keinen Tropfen Alkohol. Manche Katzen können jedoch alkoholsüchtig werden, und die Folgen sind bei ihnen ebenso verhängnisvoll wie bei Menschen. Sie werden verwirrt, verlieren die Orientierung und können an Leberzirrhose erkranken.

? Was musst du

A

Wenn eine Katze verletzt ist, müssen Sie sie möglichst schnell zum Tierarzt bringen. Sofortmaßnahmen können jedoch ihr Leiden verringern und über Leben oder Tod entscheiden.

Ist die Katze bewusstlos, müssen Sie sie behutsam in die Seitenlage bringen. Sie darf jedoch höchstens fünf bis zehn Minuten auf derselben Seite liegen, danach muss sie umgedreht werden. Transportieren Sie die Katze nur bei Gefahr, zum Beispiel wenn sie mitten auf der Straße liegt. Lagern Sie ihren Kopf tiefer, damit Flüssigkeit und Erbrochenes aus dem Maul fließen

können. Für den Transport sollten Sie ein Tuch (oder auch eine Jacke oder einen Mantel) unter ihren Körper schieben und es als Hängematte benutzen. Wenn die Katze nervös ist und sich wehrt, können Sie sie in eine Decke oder ein Handtuch wickeln und sie in einen Korb oder in eine Kiste setzen. Tragen Sie den Behälter so, dass er möglichst wenig schwankt. Einer bewusstlosen Katze öffnen Sie das Maul und ziehen die Zunge nach vorne. Entfernen Sie mögliche Fremdkörper mit einer Pinzette und Schleim mit einem Wattebausch oder einem sauberen Tuch. Wenn die Katze sich kalt anfühlt und rasch atmet, steht sie vielleicht unter Schock. Wickeln Sie sie in ein warmes Handtuch, ohne die Atmung zu behindern, oder wärmen Sie sie mit einer Wärmflasche, die Sie voher in ein Tuch gewickelt haben. Wenn ein Bein verletzt ist, sollten Sie die Katze vorsichtig auf eine Decke oder ein Handtuch legen – das verletzte Bein liegt oben – und sie zum Tierarzt bringen. Legen Sie keine Schiene an.

? *Was* tust du, wenn
ich Gift geschluckt habe?

Katzen übergeben sich meist sofort, wenn sie Gift geschluckt haben. Trotzdem müssen Sie das Tier sofort zum Arzt bringen, wenn Sie ein Vergiftungssymptom bemerken: Erbrechen, Lähmung, Durchfall, Schaum vor dem Maul, Krämpfe. Bringen Sie die Katze nicht zum Erbrechen, ohne den Tierarzt vorher um Rat zu fragen.

? *Was* tust du, wenn ich mich verbrüht habe?

Betupfen Sie die verbrühte Stelle mit kaltem Wasser. Legen Sie ein Kühlkissen oder einen Eiswürfel darauf, den Sie in ein sauberes Tuch gewickelt haben. Sie können auch vorsichtig Vaseline auf die wunde Stelle streichen, aber keinesfalls Butter oder Hautcreme. Konsultieren Sie sofort einen Tierarzt, denn das wahre Ausmaß einer Verbrühung oder Verbrennung ist oft erst nach Tagen erkennbar.

in einem Notfall tun

Wiederbelebung

Wenn Herzschlag und Atmung ausgesetzt haben, können Sie der Katze mit der folgenden Methode das Leben retten.

? *Was* tust du,
wenn ich ertrinke?

Die meisten Katzen sind gute Schwimmer, aber wenn eine Katze zu ertrinken droht, muss sie sofort aus dem Wasser geholt und rasch abgetrocknet werden. Fassen Sie sie an den Hinterbeinen (jede Hand hält ein Bein) und lassen Sie sie mit herabhängendem Kopf vor und zurück zwischen Ihren Beinen schwingen, damit das Wasser aus den Lungen laufen kann. Halten Sie das Tier warm und versuchen Sie, wenn nötig, eine Wiederbelebung.

Legen Sie die Katze auf die Seite und schieben Sie eine Hand zwischen ihre Vorderbeine. Der Daumen liegt an einer Seite der Rippen, die übrigen Finger an der anderen. Drücken Sie nun den Brustkorb mit Daumen und Fingern zusammen. Machen Sie eine Pause, damit die Lungen sich mit Luft füllen können, und wiederholen Sie die Maßnahme alle fünf Sekunden.

Halten Sie den Kopf der Katze aufrecht. Beatmen Sie die Katze zwei bis drei Sekunden lang, um ihre Lungen mit Luft zu füllen. Wiederholen Sie die Beatmung nach ein paar Sekunden.

Ein sicheres Heim

Das Heim sollte ein Ort der Zuflucht und der Sicherheit sein. Doch für eine Katze ist die Wohnung der Menschen voller Gefahren.

Im Haus

Eine gut erzogene Katze, die nicht auf Spültische springt, lebt sicherer. Aber Katzen sind neugierig, und wenn Sie keine Vorsichtsmaßnahmen treffen, sind ihre sieben Leben bald aufgebraucht.

Die Küche ist der gefährlichste Raum. Lassen Sie keine scharfen Gegenstände herumliegen und behalten Sie heiße Töpfe und Pfannen im Auge. Wenn die Katze am Kabel eines heißen Bügeleisens zieht, können die Folgen dramatisch sein. Katzen sind neugierig und finden offene Türen unwiderstehlich. Schließen Sie also die Türen der Waschmaschine und des Wäschetrockners und schauen Sie in die Öffnung, bevor Sie das Gerät einschalten.

Essensreste betrachtet die Katze als Beute, doch wenn Knochen darunter sind, kann sie sich damit verletzen. Mülleimer müssen geschlossen sein, damit die Katze nicht hineinfällt oder schädlichen Abfall herausholt. Während Sie das

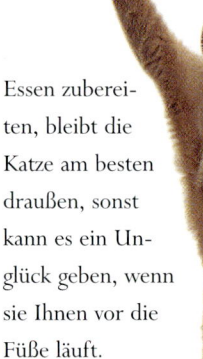

Essen zubereiten, bleibt die Katze am besten draußen, sonst kann es ein Unglück geben, wenn sie Ihnen vor die Füße läuft.

In der Küche und im Bad sollten keine Flaschen mit

▲ **Im Freien sind Katzen vielen Gefahren ausgesetzt. Da sie neugierig sind, erforschen sie selbst schwer erreichbare Orte.**

▼ **Katzen sind verspielt. Ein hängendes Stromkabel können sie einfach nicht ignorieren. Die Folgen können oft tödlich sein.**

Desinfektionsmittel, Waschmittel oder Bleichmittel herumstehen, die Ihre Katze umstoßen kann – eine Vergiftung ist oft tödlich. Aspirin ist für Katzen ein starkes Gift; schließen Sie es immer ein.

Lassen Sie im Haus keine Stromkabel lose herabhängen und sorgen Sie dafür, dass die Katze nicht in offene Kamine kriechen kann, wo sie womöglich stecken bleibt. Wenn im Kamin ein Feuer brennt, ist erst recht eine Absperrung notwendig. Lassen Sie keine Plastikbeutel herumliegen – eine neugierige Katze kann darin ersticken. Verschenken Sie giftige Zimmerpflanzen – zum Beispiel Philodendron, Dieffenbachie, Efeu, Caladie,

Weihnachtsstern oder Oleander – oder stellen Sie sie an einen sicheren Ort. Der Tierarzt gibt Ihnen Auskunft über giftige Pflanzen.

Im Garten

Auch im Garten lauern Gefahren. Für Katzen giftige Pflanzen sind unter anderem Azalee, Clematis, Christrose, Gartenwicke, Lorbeer, Lupine, Mistel, Rittersporn und Rhododendron. Es kommt nicht oft vor, dass eine Katze Gartenblumen frisst, aber ein

wachsames Auge ist immer ratsam. Katzen werden oft versehentlich in Schuppen oder Garagen eingeschlossen oder können aus abgestellten Kühlschränken oder Kühltruhen nicht mehr heraus. Halten Sie also alle Türen geschlossen. Sorgen Sie auch dafür, dass die Katze nicht an Insektizide, Pestizide,

Schneckenkugeln, Terpentin, Farben, Öle und Frostschutzmittel herankommt.

Wenn Sie an Ihrer Katze Vergiftungssymptome bemerken, zum Beispiel Zuckungen, Krämpfe, Speicheln, Schaum vor dem Maul, Durchfall, Erbrechen, Stolpern, Koordinations- und Gleichgewichtsstörungen, müssen Sie sie sofort zum Tierarzt bringen. Viele Gifte sind für sie tödlich.

▶ **Giftige Zimmerpflanzen sind u. a. (von unten links im Uhrzeigersinn) Caladie, Efeu, Weihnachtsstern, Dieffenbachie und Philodendron.**

▲ **Giftige Gartenpflanzen sind (von unten links im Uhrzeigersinn) u. a. Lupine, Clematis, Gartenwicke, Rittersporn und Rhododendron (Mitte).**

Warum kratze ich mich so oft

AWenn eine Katze sich oft kratzt, hat sie meist Flöhe. Da diese Parasiten ihrer Gesundheit ernsthaft schaden können, müssen sie bekämpft werden. Sprays und Pulver sind wirksam, aber schwierig in der Anwendung. Außerdem spült der Regen sie ab, sodass man sie regelmäßig verabreichen muss. Befolgen Sie immer die Gebrauchsanleitung und behandeln Sie keine jungen Katzen damit. Flöhe nisten auch in Teppichen, Möbeln und im Katzenlager. Diese Orte müssen also ebenfalls behandelt werden.

Eine Katze kann Zecken oder Milben haben. Diese kleinen, spinnenartigen Tiere bohren sich in die Haut und saugen Blut. Bevor Sie Zecken herausziehen, müssen Sie sie mit Alkohol abtöten, weil sonst die Beißwerkzeuge stecken bleiben und einen Abszess verursachen. Erforderliche Medikamente bekommen Sie in Tierhandlungen und vom Tierarzt. Wenn eine Katze sich an einer bestimmten Stelle kratzt oder beißt, zum Beispiel an den Ohren oder Pfoten, steckt möglicherweise ein Fremdkörper in der Haut. Untersuchen Sie die Stelle behutsam und achten Sie auf Schwellungen und Druckschmerzen. Im Zweifel sollten Sie sofort einen Tierarzt aufsuchen.

? *Warum muss ich entwurmt werden?*

Katzen können mit Faden-, Haken-, Peitschen- oder Bandwürmern infi- ziert sein. Wenn die Wür- mer nicht früh bekämpft werden, leiden vor allem junge Katzen sehr darunter. Zu den ersten Symptomen des Wurm- befalls gehören erhöhter Appetit und Mattigkeit. Untersuchen Sie den After der Katze nach Band- wurmteilen, die wie lange Reiskörner aussehen. Wenn Sie vermuten, dass die Katze Würmer hat, bringen Sie sie zum Tierarzt. Er kann den Kot im Labor untersuchen lassen. Kätzchen stecken sich meist bei der Mutter an; darum sollten sie im Alter von vier bis elf Wochen unter Aufsicht des Tierarztes entwurmt werden.

? *Woran erkennst du Hautpilze?*

Diese ansteckenden und unangenehmen Parasiten können ebenfalls Juckreiz verursachen. An befallenen Stellen ist die Haut kahl. Bringen Sie die Katze sofort zum Tierarzt. Auch Menschen können sich infizieren (der Pilz verursacht bei ihnen kreisförmige Hautausschläge, die leicht zu behandeln sind).

Bewegliche Herbergen

Die meisten Katzen beherbergen gelegentlich Flöhe. Diese Parasiten müssen unverzüglich beseitigt werden, und zwar mit speziellen Mitteln für Katzen. Medikamente für Hunde enthalten oft Chemikalien, die für Katzen gefährlich sind. Fragen Sie im Zweifel den Tierarzt.

Bürsten mit Hohlräumen, die mit Floh- pulver gefüllt sind, verteilen das Pulver im ganzen Fell. Regelmäßiges Kämmen mit einem speziellen Flohkamm hält die Parasiten ebenfalls in Schach. Werfen Sie die Flöhe ins Feuer oder in eine Schale mit Wasser. Flöhe lassen sich nicht zerquetschen.

Die Chemikalien in den üblichen Flohhalsbändern können die Haut reizen und Benommenheit und Kopfschmerzen hervorrufen. Kaufen Sie ein dehnbares Band und prüfen Sie regel- mäßig, ob es richtig sitzt. Sie sollten zwei Finger bequem unter das Band schieben können. Halsbänder können die Katze verletzen oder töten, wenn sie damit irgendwo hängen bleibt.

Gegen Flöhe gibt es viele neue Methoden und Produkte, zum Beispiel Injektionen, Ultraschallbehandlungen, Tabletten und Wattebäusche, die mit Flohpheromonen (Lockmittel für Flöhe) getränkt wurden. Der Tierarzt kann Ihnen sagen, wie Sie Ihre Katze am besten behandeln.

? Warum putze ich mich so oft

A Katzen sind überaus reinliche Geschöpfe. Ein blitzsauberes Fell ist wichtig für ihr Wohlbefinden. Sie lecken ihren Körper ab, um Schmutz zu entfernen und um ihren Eigengeruch aufzufrischen, wenn jemand sie angefasst hat; außerdem machen sie das Fell damit wasserabstoßend. Das Lecken glättet das Fell, sodass es besser vor Kälte schützt. Auch wenn die Katze nervös ist, beginnt sie sich die Pfoten zu lecken oder das Gesicht zu putzen. Auf diese Weise gewinnt sie Zeit, auf eine neue Situation zu reagieren.

? *Warum putze ich mich, wenn du mich gestreichelt hast?*

Die meisten Katzen schmusen gern. Aber dabei nimmt ihr Fell den Geruch eines Menschen an, und ihr Eigengeruch wird geschwächt. Außerdem werden die Haare zerzaust. Durch das Lecken frischt die Katze ihren Eigengeruch auf und glättet das Fell wieder.

Von Kopf bis Fuß

Katzen verbringen viel Zeit damit, sich zu putzen, und sie machen alle möglichen Verrenkungen, um auch schwer zugängliche Stellen zu erreichen.

? Warum lecke ich mich bei heißem Wetter ab?

Katzen haben keine Poren oder Schweißdrüsen, deshalb müssen sie sich bei heißem Wetter durch häufiges Ablecken kühlen. Der Speichel, der dabei auf dem Fell zurückbleibt, trocknet und verdunstet wie Schweiß und kühlt dadurch die Haut.

Die Katze putzt sich nach Plan. Sie beginnt am Kopf, säubert dann die Vorderbeine und Schultern, anschließend die Flanken, Genitalien und Hinterbeine und zum Schluss den Schwanz von der Wurzel bis zur Spitze.

? Warum zupfe ich am Fell, wenn ich mich putze?

Das ist ein wichtiger Teil des Putzens. Das Zupfen regt die Drüsen in der Haut an; sie sondern daraufhin ein Sekret ab, das das Katzenfell wasserdicht macht.

Katzen geben sich die größte Mühe, nahezu jede Stelle ihres Körpers zu säubern. Nur den Bereich zwischen den Schulterblättern können sie mit der Zunge und den Pfoten nicht erreichen.

Wenn Katzen einander ablecken – abgesehen von Mutter und Kind –, geht es ihnen nicht nur darum, Stellen zu reinigen, die sie selbst nicht erreichen. Sie wollen ihr freundschaftliches Band stärken und die Hackordnung bestätigen. Eine Katze, die einer anderen den Kopf leckt, sagt: „Du bist der Chef!"

?, wie pflegst du eine

A

Die meisten Langhaarkatzen sind Perser. Sie haben ein sehr dickes Fell, eine rundliche Figur, eine kurze Nase und runde Augen. Man züchtet sie in verschiedenen Farben. Manche sind weiß und haben ein gelbes und ein blaues Auge, andere haben lange pechschwarze Haare und orange- oder kupferfarbene Augen. Zur Gruppe der Langhaarkatzen zählen auch Balinesen, Angorakatzen, Birmakatzen und Colourpoint. Langhaarkatzen haben ein sehr dichtes Fell und haaren das ganze Jahr hindurch. Darum ist es wichtig, sie jeden Tag zu pflegen; sonst verfilzt das Fell, was für die Katze äußerst schmerzhaft ist, und der Tierarzt muss es abschneiden. Langhaarkatzen verschlucken auch oft Haarbälle, die manchmal operativ entfernt werden müssen. Lose Haare können sich um die unteren Eckzähne wickeln und ins Zahnfleisch schneiden, sodass es sich entzündet.

Das alles lässt sich verhindern, wenn Sie die Katze einmal am Tag mit einem Spezialkamm und einer kräftigen Bürste pflegen. Dann bleibt das Fell gesund und glänzend, und der Kreislauf wird angeregt (auch Ihrer!). Streuen Sie Talkumpuder auf verhedderte Haare und zupfen Sie Knoten behutsam mit der Hand heraus – nicht mit Kamm oder Bürste, das ist schmerzhaft. Ein wenig Talkum vor dem Bürsten ist auch hilfreich, wenn das Fell sehr schmutzig ist.

Langhaarkatze!

⁇ *Wie pflegst du eine Kurzhaarkatze?*

Kurzhaarkatzen brauchen weniger Pflege. Regelmäßiges Bürsten hält aber das Fell sauber und verhindert, dass die Katze Haarknäuel verschluckt. Das ist vor allem dann wichtig, wenn sie haart.

⁇ *Sollen haarlose Katzen gebürstet werden?*

Einige Rassen haben ein sehr kurzes, welliges Fell. Ein Kamm oder eine Bürste würde die Haut aufschürfen; Sie können das Fell aber mit Gamsleder abreiben, damit es weich und seidig bleibt. Die Sphinx ist nahezu haarlos, nur ihr Gesicht, ihre Ohren, ihre Pfoten und ihr Schwanz sind von feinem Fell bedeckt. Waschen Sie die Haut mit warmem Wasser und einem Schwamm ab.

Katzengesichter

Perserkatzen mit ihren kurzen Nasen und dem „Boxergesicht" leiden häufig an verstopften Tränenkanälen. Die Augen tränen deshalb oft und können das Fell in der Umgebung verfärben. Einen starken Ausfluss sollte sich der Tierarzt ansehen.

Säubern Sie die Umgebung der Augen mit einem Wattebausch, den Sie mit warmem Wasser angefeuchtet haben. Berühren Sie nicht den Augapfel. Mit einer milden Salzlösung können Sie verfärbtes Fell reinigen.

Untersuchen Sie regelmäßig die Ohren der Katze. Dunkles Ohrenschmalz deutet auf Milben oder Entzündungen hin, und das Ohr muss tierärztlich behandelt werden. Zum Reinigen befeuchten Sie einen Wattebausch mit etwas Babyöl und wischen den Schmutz an der Innenseite der Ohren ab. Führen Sie kein Wattestäbchen oder andere Gegenstände ins Ohr ein.

A

Wilde Katzen haben gesundes Zahnfleisch und keinen Zahnbelag, weil sie frische Beute fressen. Bei Katzen, die hauptsächlich weiche Nahrung bekommen, zum Beispiel Dosenfutter, bildet sich am unteren Zahnrand ein Belag, der hart wird und das Zahnfleisch entzündet. Diese Entzündung breitet sich bis in die Zahnwurzel aus und kann zum Verlust des Zahns führen.

Um die Bildung von Zahnstein zu verhindern, sollten Sie die Zähne Ihrer Katze einmal in der Woche putzen. Untersuchen Sie aber zuerst das Maul und das Zahnfleisch auf Entzündungen und Geschwüre. Liegt eine Entzündung vor, muss die Katze vom Tierarzt behandelt werden.

Sind Maul und Zahnfleisch in Ordnung, können Sie die Zähne mit einer Kinderzahnbürste oder einer Katzenzahnbürste putzen. Nehmen Sie dafür Zahncreme oder eine Salzlösung. Bereiten Sie die Katze darauf vor, indem Sie das Zahnfleisch zuerst nur sanft mit einer weichen Zahnbürste oder einem Wattebausch berühren. Betupfen Sie ihre Lippen mit etwas Zahncreme, damit sie sich an den Geschmack gewöhnt. Wenn die Katze beim Zähneputzen sehr unruhig ist, muss der Tierarzt ihr einmal im Jahr unter Narkose gründlich die Zähne reinigen. Fragen Sie den Arzt nach Alternativen, zum Beispiel Zahngel, das seine Wirkung schon entfaltet, wenn die Katze es frisst.

Warum putzt du

❓ *Warum badest du mich, obwohl ich mich selbst putze?*

Normalerweise kann eine Katze ihr Fell selbst sauber halten. Ist das Fell jedoch sehr schmutzig oder sind die Haare lang, ist ein gelegentliches Bad nötig. Füllen Sie die Badewanne oder das Waschbecken etwa 10 cm hoch mit warmem Wasser und setzen Sie die Katze behutsam hinein. Gießen Sie mit einer Tasse oder einem Schwamm Wasser auf ihren Körper, aber meiden Sie dabei das Gesicht, die Augen und die Oberseite des Kopfes. Säubern Sie das Fell sanft mit Babyshampoo oder Katzenshampoo und spülen Sie mit lauwarmem Wasser nach. Nehmen Sie die Katze heraus und wickeln Sie sie in ein warmes Handtuch. Wenn nötig, säubern Sie Gesicht und Kopf mit einem angefeuchteten, weichen Lappen. Trocknen Sie die Katze mit einem Handtuch ab. Manche Katzen lassen sich mit einem Föhn trocknen, aber viele haben Angst vor dem Geräusch. Lassen Sie die Katze in einem warmen Raum, bis sie völlig trocken ist, und bürsten oder kämmen Sie ihr dann das Fell.

mir die Zähne

Eine hilfreiche Hand

Katzen kommen im allgemeinen ohne menschliche Hilfe zurecht. Manchmal braucht eine verwöhnte Hauskatze jedoch ein wenig Hilfe.

Wenn das Fell stark verfilzt ist, sollten Sie die Katze zum Tierarzt bringen. Er gibt ihr ein Beruhigungsmittel und schneidet die verfilzten Knäuel ab. Tun Sie es nicht selbst.

Normalerweise kürzen sich die Krallen der Katze durch Abnutzung von selbst. Wenn die Katze aber nicht ins Freie geht oder schon älter ist, müssen Sie ihr regelmäßig die Krallen schneiden. Zu lange Krallen wachsen ins Fleisch der Pfote, sodass es sich entzündet. Schneiden Sie die Krallen nur, wenn Sie eine sichere Hand haben und wenn die Katze ruhig bleibt. Andernfalls überlassen Sie diese Arbeit besser dem Tierarzt. Eine Maniküranzange eignet sich besser als eine Schere.

Entblößen Sie die Krallen behutsam. Jede Kralle besitzt eine weiße Spitze und rosa Nagelfleisch, das Blutgefäße enthält und nicht geschnitten werden darf. Entfernen Sie die weiße Spitze in einer geraden Linie. Ein Schnitt ins Fleisch ist schmerzhaft und blutet stark. Wenn Sie unsicher sind, lassen Sie sich vom Tierarzt zeigen, wie Sie die Krallen Ihrer Katze richtig schneiden.

A

Ein Kater wird von seinem Sexualtrieb beherrscht. Er ist ständig auf der Suche nach läufigen Katzen und legt dabei große Entfernungen zurück. Dabei kann er sich verirren oder von einem Auto angefahren werden. Zudem fechten Kater ständig hitzige Kämpfe gegeneinander aus und

fügen sich Biss- und Kratzwunden zu, die sich zu Abszessen entwickeln können; die Folge kann eine Amputation sein. Augen und Ohren sind oft stark vernarbt. Auch können die Tiere sich mit Leukämie- und AIDS-Viren anstecken, die bei den Tieren durch Speichel übertragen werden.

Da Kater ihr Territorium mit Urin markieren und andere Katzen angreifen, sind sie bei Nachbarn selten beliebt und haben unter Katzen und Menschen nur wenige Freunde. Der wichtigste Grund, warum Kater kastriert werden sollten, ist jedoch die zunehmende Zahl hungernder und kranker verwilderter Katzen. Es sollten möglichst wenig unerwünschte Katzen in die Welt gesetzt werden.

warum sollten Kater kastriert werden?

? *Ist die Kastration schmerzhaft?*

Bei der Kastration werden beide Hoden entfernt. Die Operation kann in jedem Alter erfolgen, aber am günstigsten ist die Zeit zwischen dem vierten und sechsten Lebensmonat. Andernfalls gewöhnt das Tier sich bestimmte Verhaltensweisen an und behält sie auch nach dem Eingriff bei. Die Operation wird unter Narkose ausgeführt. Meist muss die Wunde nicht genäht werden, und die Katze erholt sich schon nach ein oder zwei Tagen vollständig. Ein nicht kastrierter Kater mitsamt seinen vielen Verletzungen ist erheblich teuerer als eine Kastration.

Narben oder Kastration?

Nicht kastrierte Kater verteidigen ihr Revier aggressiver als kastrierte.

Kater kämpfen um paarungs-bereite Weibchen und um ihr Revier. Zerfetzte Ohren und Narben im Gesicht sind die Folge.

Kater verteidigen ihr Revier aggressiver. Sie spritzen sowohl im Freien als auch in der Wohnung bestimmte Stellen an; der Uringeruch lässt sich nur schwer beseitigen.

Auch Bisswunden im Schwanz und im Rücken sind bei Katern nicht selten. Die Wunden infizieren sich leicht, und wenn man sie nicht rechtzeitig behandelt, muss möglicherweise ein Teil des Schwanzes amputiert werden. Manchmal werden auch die Nerven beschädigt, sodass das Tier den Schwanz nicht mehr bewegen kann.

?Woran siehst du, dass eine Katze paarungsbereit ist?

A

Eine paarungsbereite (rollige) weibliche Katze ändert ihr Verhalten. Sie wird sehr zutraulich, reibt sich an Menschen und Gegenständen und miaut leise. Sie ist unruhig, stößt laute Rufe aus, verliert bisweilen den Appetit und uriniert häufiger. Die Kater in der Umgebung werden von ihrem Geruch angelockt.

? *Wie viele Junge kann eine Katze bekommen?*

Ein Katzenweibchen kann im Alter von sechs Monaten trächtig werden und bis zum Alter von 12 Jahren werfen. In dieser Zeit kann sie über 200 Junge bekommen. Die Geburt und die Aufzucht der Kätzchen sind sehr anstrengend und beschleunigen die Alterung. Ein sterilisiertes Weibchen sieht genau so aus wie ein nicht sterilisiertes, und bei richtiger Ernährung nimmt es auch nicht zu.

? *Sollte eine Katze vor der Sterilisation einmal werfen?*

Es ist kein Vorteil für eine Katze, wenn sie vor der Sterilisation einmal werfen darf. Die Sterilisation kann danach sogar etwas schwieriger werden. Weibliche Katzen sollten im Alter von fünf bis sechs Monaten sterilisiert werden, um eine Trächtigkeit zu verhindern. Jedes Jahr werden Tausende von unerwünschten Kätzchen getötet oder verlassen!

Das Paarungsspiel

Ein Kater muss der Katze stunden- oder gar tagelang den Hof machen, ehe sie sich mit ihm paart.

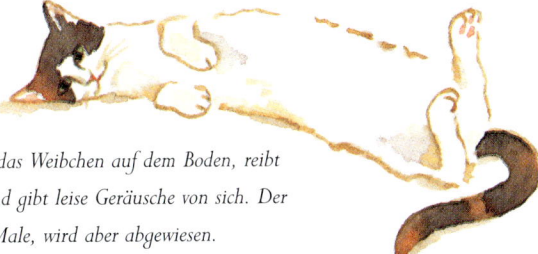

Vor der Paarung wälzt sich das Weibchen auf dem Boden, reibt sich das Fell, streckt sich und gibt leise Geräusche von sich. Der Kater nähert sich mehrere Male, wird aber abgewiesen.

Wenn die Katze bereit ist, nimmt sie ihre typische Haltung ein: Sie hebt das Hinterteil, legt den Schwanz an die Seite und trommelt aufgeregt mit den Vorderfüßen.

Sobald der Kater grünes Licht bekommt, besteigt er das Weibchen und packt es mit dem Zähnen im Nacken. Die Begattung ist schnell vorbei und endet mit einem kurzen, schrillen Schrei des Weibchens. Der Penis besitzt nämlich Widerhaken, die das Weibchen beim Herausziehen schmerzhaft aufschürfen. Dadurch wird der Eisprung ausgelöst. Nach der Paarung trennen sich die Tiere, aber meist paaren sie sich ein zweites Mal. Es kann vorkommen, dass das Weibchen sich mit mehreren Katern paart und dass ihre Jungen verschiedene Väter haben.

... wie geht es

Eine Katze lebt durchschnittlich 15 Jahre, aber viele leben 20 Jahre oder sogar länger. Wenn sie älter als 12 Jahre sind (das entspricht einem 75-jährigen Menschen), sind sie Senioren und brauchen besondere Pflege. Sie werden dünner, sind weniger aufmerksam, schlafen mehr und haben wenig Appetit. Das Fell ist oft nicht mehr so dicht und glatt wie früher. Manche älteren Katzen lassen sich nicht gerne hochheben, andere wollen öfter schmusen denn je. Eine ältere Katze möchte in ihrem gewohnten Tagesablauf nicht gestört werden und gehört im Urlaub nicht ins Tierheim.

mir im Alter ?

? *Werde* ich grau und taub, verliere ich die Zähne?

Manche Katzen bekommen graue Haare, wenn sie älter werden; bei schwarzen Katzen sind die ergrauten Haare besonders gut zu sehen. Das Fell einer sehr schwarzen Katze wird im Laufe der Jahre heller und kann schließlich einen rötlichbraunen Farbton annehmen. Wenn das Gehör der Katze nachlässt, kann sie Warnrufe und den Staubsauger hinter ihr nicht mehr hören. Seien Sie also wachsam. Wenn ihre Sehschärfe abnimmt, sollten Sie die Katzentoilette und den Futternapf immer an denselben Platz stellen und die Möbel nicht verrücken. Der Schlafplatz muss gut zugänglich sein, und Sie sollten die Katze nicht unbeaufsichtigt ins Freie lassen. Wenn sie hauptsächlich weiches Futter bekommt, bildet sich Zahnstein, der zum Verlust der Zähne führen kann. Gut gepflegte Zähne bleiben auch im Alter erhalten.

Katzen-Senioren

Lassen Sie eine ältere Katze regelmäßig vom Tierarzt untersuchen. Er kann Erkrankungen des Herzens, des Gehirns, der Leber und der Nieren feststellen. Außerdem können Sie das Leben Ihrer Katze auf mancherlei Weise angenehmer machen.

Manche älteren Katzen leiden an Verstopfung. Oft hilft es, wenn sie regelmäßig Ölsardinen (etwa einmal in der Woche) oder zwei bis drei Teelöffel Ergänzungsfuttermittel (in Form von Ölen erhältlich) bekommen. Wenn die Verstopfung länger als ein paar Tage anhält, sollten Sie den Tierarzt aufsuchen. Durchfall kann bei älteren Katzen auf einen Tumor hindeuten.

Wenn die Katze immer im Freien geschlafen hat, bereiten Sie ihr im Haus ein Schlaflager. Sie hat jetzt weniger Lust umherzuschweifen.

Eine ältere Katze braucht mehr Pflege. Vielleicht müssen Sie ihr die Krallen schneiden, weil sie nicht mehr so viel herumläuft. Regelmäßiges Bürsten verhindert, dass sie Haare schluckt, die den Darm verstopfen. Bürsten Sie eine ältere Katze behutsam, verdrehen Sie ihr nicht die Beine oder den Körper, und ziehen Sie nicht daran – das ist schmerzhaft und kann das Tier verletzen.

Merkst du, was ich fühle, wenn du mich ansiehst

Warum schnurre ich

Warum peitscht mein Schwanz hin und her

SPECIAL: Lernen Sie eine Katzenmutter verstehen

Warum lasse ich mich gerne streicheln

Warum greife ich plötzlich an, wenn mich jemand streichelt

Wofür brauche ich Schnurrhaare

Warum glühen meine Augen im Dunkeln

Was ist das Jacobsonsche Organ

Warum jage ich, obwohl ich genug zu fressen habe

Wie intelligent bin ich

Lernen Sie Ihre Katze verstehen

Katzen sind mysteriöse Wesen mit unergründlicher Miene. Es ist faszinierend, ihnen zuzusehen. Wenn Sie etwas darüber wissen, wie Ihre Katze denkt und wie sie die Welt wahrnimmt, können Sie ihr mitunter überraschendes Verhalten besser verstehen und leichter mit Problemen fertig werden, die häufig durch Stress verursacht sind. Dennoch werden Sie nie aufhören, über dieses Geschöpf zu staunen.

Katzen sind für ihre Unergründlichkeit bekannt. Dennoch können Sie am Gesicht Ihrer Katze oft ablesen, was sie fühlt. Manche Katzen scheinen ihre Miene nie zu verändern – sie lächeln ständig oder sehen immerzu griesgrämig aus. Eine Katze drückt Zufriedenheit, Ärger und andere Gefühle mit Ohren, Schnurrhaaren und Augen aus.

? sieht du mir an,

❓ *Was sagen dir meine Augen?*

Wie beim Menschen können die Pupillen der Katze sich weiten und verengen, je nachdem, ob ihr ein Anblick gefällt oder nicht. Etwas verwirrend ist es jedoch, dass die Pupillen sich erweitern, wenn die Katze sich freut und wenn sie sich fürchtet. Wenn Sie einer hungrigen Katze einen Napf mit ihrem Lieblingsfutter hinstellen, werden ihre Pupillen rasch größer, ebenso wenn sie bedroht wird oder Angst hat. Eine Katze, die sie bedroht, hat dagegen schmale Pupillen. Eine entspannte, schläfrige und zufriedene Katze hat die Augen oft halb geschlossen, und die Pupillen sind weit. Es ist allerdings ein Ammenmärchen, dass eine Katze ihrem Besitzer einen Kuss zuwirft, wenn sie ihn anblinzelt.

was ich fühle ?

❓ *Was sagen dir meine Ohren und Schnurrhaare?*

Wenn die Ohrmuscheln nach vorne zeigen und die Schnurrhaare seitwärts gerichtet und gelockert sind, ist die Katze glücklich. Wenn sie unsicher ist, aber nicht bedroht wird – zum Beispiel wenn sie einem lebhaften Kleinkind gegenübersteht, legt sie die Ohren flach an den unbewegten Kopf; die Schnurrhaare sind ebenfalls steif und unbewegt, und die Pupillen erweitern sich. Wahrscheinlich überlegt sie, ob sie bleiben oder die Flucht ergreifen soll. Wenn die Katze jagt, spitzt sie die Ohren, sträubt die Schnurrhaare und hat stark erweiterte Pupillen.

Körpersprache

Die Körpersprache einer Katze verrät viel über ihre Gefühle und Gedanken.

Eine Katze ist am verwundbarsten, wenn sie ausgestreckt auf dem Boden liegt und den Bauch entblößt. Wenn sie das tut und Ihnen erlaubt, ihr den Bauch zu kraulen, ist sie sehr vertrauensvoll und selbstsicher.

Zu Hause sind die meisten Katzen entspannt und zufrieden. Sie sitzen da wie eine Sphinx mit ihren Pfoten unter der Brust, rollen sich zu einer Kugel zusammen und schlafen oder sie strecken sich auf ihrem Lieblingsplatz aus.

... warum schnurre ich?

A

Das Schnurren ist Musik in den Ohren eines Katzenliebhabers. Es lässt darauf schließen, dass die Katze glücklich und zufrieden ist. Katzen beginnen zu schnurren, wenn sie ein paar Tage alt sind. Die Kätzchen werden blind geboren und erkennen die Mutter am Geruch. Wenn die Sinnesorgane sich entwickeln, hören sie auch das Schnurren der Mutter und erwidern es, meist wenn sie an der Zitze saugen (es geht auch mit geschlossenem Maul). Katzen schnurren ihr Leben lang, vor allem wenn sie zufrieden sind, wenn sie eine andere Katze begrüßen und wenn sie fressen oder schlafen. Darum galt das Schnurren schon immer als Zeichen der Zufriedenheit. Katzen schnurren aber auch, wenn sie jagen, Schmerzen haben oder nervös sind – niemand weiß, warum.

? *Wie* schnurre ich?

Wie Katzen schnurren, ist ein Rätsel; es gibt aber zwei Theorien. Die erste besagt, das Geräusch werde durch die Schwingung des Blutes verursacht, das durch eine große Brustarterie strömt, und von der Luftröhre und den Luftkammern im Schädel verstärkt. Nach der wahrscheinlicheren Theorie entsteht das Schnurren durch die Bewegung der Stimmbänder im Kehlkopf.

? *Warum* tretele ich mit den Pfoten?

Das Treteln und Kneten mit den Pfoten geht meist mit dem Schnurren einher und ist ebenfalls ein Zeichen dafür, dass die Katze zufrieden ist. Sie imitiert ihr Verhalten als Jungtier: Kätzchen treteln den Bauch der Mutter, um mehr Milch herauszupressen – man nennt diese Bewegung daher „Milchtritt" – und dabei schnurren sie. Eine erwachsene Katze führt mit ihren Pfoten tretelnde und knetende Bewegungen aus, wenn sie auf Ihrem Schoß sitzt oder sich einen Platz für ein Nickerchen vorbereitet. Dadurch teilt sie Ihnen mit, dass sie glücklich und entspannt ist.

Duftmarken

**Katzen wenden verschiedene Methoden an, um
ihren Besitzer und ihre Umgebung mit
ihrem Eigengeruch zu versehen.**

*Eine Katze besitzt zahlreiche Duftdrüsen am Kopf,
gleich unter dem Kinn, an den Lippen (vor allem
an den Mundwinkeln) und an beiden Seiten
der Stirn zwischen Auge und Ohr. Wenn sie den Kopf an einem Möbelstück oder an Ihrer Hand reibt, bleibt eine Spur ihres Geruchs zurück.
Damit sind Sie und die Möbel als zu ihrem Revier gehörig markiert.*

*Wenn sich eine Katze zärtlich an Ihren Beinen reibt,
verteilt sie mit den Duftdrüsen im Gesicht und an der
Schwanzwurzel ihre Duftmarken und überlagert andere
Gerüche, die Sie aufgenommen haben.*

*Katzen lassen eine Duftmarke
zurück, wenn sie an Bäumen
kratzen. So markieren sie ihr
Revier.*

Warum peitscht mein schwanz hin und her

A Es stimmt nicht ganz, dass Katzen mit dem Schwanz hin und her peitschen, wenn sie wütend sind. Sie tun es auch, wenn sie sich in einer Zwickmühle befinden. Angenommen, ein Fremder reicht der Katze Futter. Dann will sie den Leckerbissen haben, fürchtet sich aber ein wenig vor dem unbekannten Menschen. Solange sie unentschlossen ist, bewegt sie ihren Schwanz heftig hin und her.

Eine Katze benutzt den Schwanz, um ihr Gleichgewicht zu bewahren, zum Beispiel wenn sie auf einem Zaun entlanggeht oder sich auf einem Regal an Gegenständen vorbeischlängelt. Wenn sie zu kippen droht, benutzt sie den Schwanz als eine Art Ruder, um sich zu stabilisieren. Das Peitschen des Schwanzes hilft ihr aber auch, ihr seelisches Gleichgewicht zu bewahren, etwa wenn sie überlegt, wie sie springen oder welche von zwei Möglichkeiten des Verhaltens sie wählen soll.

? Warum bewege ich beim Jagen den Schwanz?

In der Wildnis geht eine Katze beim Jagen in Deckung, sodass nur ihr Gesicht zu sehen ist, wenn sie sich im Unterholz an ihre Beute heranschleicht und sie dann plötzlich packt. Es ist für eine Katze unnatürlich, ohne Deckung zu jagen. Heute sind die meisten Hinterhöfe jedoch gepflastert oder mit Rasen bepflanzt, der regelmäßig gemäht wird, sodass Hauskatzen ohne Deckung jagen müssen. Eine Katze ist immer noch wild darauf, Vögel zu jagen, aber sie fühlt sich unwohl, wenn sie für die Beute leicht zu sehen ist. Soll sie einfach drauflosrennen und den Vogel anspringen, ehe er sie bemerkt, oder ist es besser, sich anzuschleichen und dann zu springen? In diesem Dilemma peitscht der Schwanz der Katze hin und her.

Vielsagende Signale

Der Schwanz der Katze ist sehr geschmeidig, und das Tier kann zahlreiche Stimmungen und Gefühlsreaktionen damit ausdrücken. Er bewegt sich sogar, wenn die Katze schläft.

Hält die Katze ihren Schwanz bei der Begrüßung senkrecht aufgerichtet, freut sie sich über die Begegnung und ist entspannt und zufrieden. Wenn Sie die Katze streicheln, zuckt ihr Schwanz häufig. Auch das ist ein Zeichen des Wohlbehagens.

 **Wie komme ich ohne Schwanz zurecht?**

Eine Katze kann ihren Schwanz durch Verletzungen einbüßen und passt sich meist mühelos an ein Leben ohne Schwanz an. Es gibt sogar zwei schwanzlose Rassen, die Mankatze und die Japanische Stummelschwanzkatze. Eine Gruppe der Mankatzen ist völlig schwanzlos, eine andere besitzt einen kleinen Stummel. Die Japanische Stummelschwanzkatze hat einen kurzen, flaumigen Schwanz, der dem eines Kaninchens ähnelt.

Wenn die Katze sich anschleicht, legt sie den Schwanz auf den Boden, um die Beute nicht aufzuschrecken. Da sie aber keine Deckung hat, bewegt sie den Schwanz unschlüssig hin und her.

Schläft die Katze, ist das plötzliche Zucken der Schwanzspitze ein sicheres Zeichen dafür, dass sie träumt.

Lernen Sie eine Katzenmutter verstehen

Kätzchen sind während ihrer ersten Lebenswochen völlig von der Mutter abhängig. Die Mutter füttert sie und hält sie warm.

Eine Katze ist etwa neun Wochen lang trächtig. Das erste Anzeichen ist ein deutlich kräftigeres Rosa der Zitzen. Die Katze ist weniger aktiv und frisst weniger, vielleicht erbricht sie sich sogar. Nach vier bis fünf Wochen sind die Feten tastbar. Tasten Sie aber nicht am Bauch der Katze herum, da die Feten leicht verletzt werden können, was eine Fehlgeburt zur Folge hätte.

Etwa in der sechsten Woche ist der Bauch der Katze deutlich angeschwollen, und in der siebten Woche wird sie unruhiger und sucht nach einem Platz für die Geburt. Während der letzten Woche vergrößern sich die Milchdrüsen und die Zitzen ragen weit hervor. Die Katze zieht sich zurück, und die Scheide sondert weißes Sekret ab. Wenn ihr Bauch so groß ist, dass sie ihr Hinterteil nicht mehr putzen kann, sollten Sie es mit einem Lappen und warmem Wasser abwischen und anschließend gut abtrocknen.

Nestbau

Die meisten trächtigen Katzen geben sich große Mühe, ein gutes „Nest" für ihre Jungen zu bauen. In der Wildnis würde die Mutter einen sicheren, verborgenen Platz suchen, der sich leicht säubern lässt. Oft stellen die Besitzer Kisten und Kartons mit Decken und Wärmflaschen,

▲ Kätzchen werden blind geboren und finden die Muttermilch mithilfe ihres Geruchssinns. Das Schnurren verstärkt das Band zwischen der Mutter und ihren Jungen.

Stofftieren und Kissen zurecht, aber die Katze zieht einen dunklen, unbequemeren Platz vor. Wenn Sie jedoch eine Kiste mit Zeitungspapier füllen, sie an einen warmen, ruhigen Platz stellen und die Mutter regelmäßig hineinsetzen, kann es sein, dass sie es als Wurflager annimmt. Sie zerreißt das Papier, um das Lager bequemer zu machen. Viele Katzen schaffen sich instinktiv mehrere Wurfnester, da sie ihre Jungen häufig herumtragen. Achten Sie darauf, dass Ihre Katze kein Nest an einer gefährlichen Stelle baut.

Mutterinstinkt

Die Geburt kann bis zu 24 Stunden dauern, und die Kätzchen fangen sofort an zu saugen, nachdem die Mutter sie gesäubert hat. Katzenmütter ziehen mit ihren Kindern oft mehrere Male um. Das ist eine Sicherheitsmaßnahme, denn es könnte ja sein, dass das Maunzen der Jungen Raubtiere anlockt. Ein weiterer Grund sind Störungen durch Menschen.

Säugende Katzen sind sehr revierbewusst und verteidigen ihre Jungen verbissen. Halten Sie Kinder und andere Tiere vom Wurfnest fern, bis die Kleinen mindestens eine Woche alt sind. Kinder sollten die Kätzchen nicht hochheben, weil die Mutter dann sehr unruhig wird.

Wenn die Kätzchen drei bis fünf Wochen alt sind, geht die Mutter ihnen vielleicht manchmal aus dem Weg und weigert sich, sie zu füttern – und zwei Tage später lässt sie die Kleinen wieder

trinken. Das ist meist bei einem großen Wurf der Fall, dem die Mutter sich nicht gewachsen fühlt. Sie ermutigt die Kinder, mehr feste Nahrung zu fressen, sodass sie weniger saugen müssen.

Viele Katzenmütter spielen mit ihren Jungen, wenn diese alt genug sind. Dadurch lernen die Kätzchen ihre Umwelt kennen und üben das Jagen. Wenn der Wurf groß ist, lässt die Mutter die Kleinen allein spielen, weil es sie zu sehr anstrengen würde, sich um alle zu kümmern.

▲ Gegen Ende der Trächtigkeit zieht die Katzenmutter sich zurück. Sie will allein sein, um sich auszuruhen und das Nest vorzubereiten.

▲ Eine Katzenmutter spielt mit ihren Jungen, um ihnen das Jagen beizubringen und sie mit der Umwelt vertraut zu machen.

Nach der Geburt leckt die Katzenmutter ihre Jungen zuerst einmal sauber. Dadurch teilt sie den Kätzchen auch mit, dass sie da ist, und stärkt das Band zwischen Mutter und Jungen. Die Mutter leckt die Jungen auch, wenn sie schon größer sind, vor allem nach einer Mahlzeit, und gesunde Katzen assoziieren das Lecken mit Zufriedenheit und Wohlbefinden. Wenn Sie Ihre Katze sanft streicheln, lösen Sie ähnliche Gefühle aus. Das Streicheln erinnert die Katze an ihre Kindheit und versetzt sie in schläfrige Träumerei, meist begleitet von Schnurren und Bewegungen der Pfoten.

?Warum lasse ich mich gerne streicheln

? *Warum* lasse ich mich gerne am *Kopf und im Gesicht kraulen?*

Hauskatzen und wilde Katzen begrüßen sich oft, indem sie die Köpfe aneinander reiben. Das ist ein Zeichen der Zuneigung, und dabei werden auch Duftmarken ausgetauscht. Außerdem ist es für eine Katze schwierig, die Spitze des Kopfes zu kratzen – um so besser, wenn ein Freund ihr diesen Gefallen tut.

Richtig streicheln

Das Streicheln ist ein Zeichen der Zuneigung zwischen der Katze und ihrem Besitzer. Es hat auch eine positive Wirkung auf den Menschen, denn es senkt den Blutdruck und lindert Stress.

Katzen lassen sich gerne an der Brust und im Nacken streicheln. Dort sollten Sie eine Katze streicheln, die Sie nicht gut kennt, weil sie in dieser Position jederzeit fliehen kann, wenn sie will.

Eine entspannt liegende Katze freut sich, wenn Sie ihr den Rücken streicheln. Viele Katzen mögen es, wenn man sie an der Schwanzwurzel krault, weil sie diese Stelle schwer erreichen können. Streicheln Sie immer in Richtung des Haarwuchses, sonst geht es der Katze „gegen den Strich".

Eine Katze fühlt sich verwundbar, wenn sie den Bauch entblößt. Darum ist es ein Zeichen von Vertrauen, wenn Sie ihr den Bauch streicheln dürfen. Gehen Sie behutsam mit ihr um – eine plötzliche Bewegung kann ihr Angst einjagen, sodass sie kratzt oder beißt.

A

Das kommt bei Katzen häufig vor. Die Katze sitzt ruhig und entspannt da und schnurrt, und auf einmal schlägt sie mit gezückten Krallen zu oder beißt die streichelnde Hand und flieht in eine Ecke. Vermutlich interpretiert sie die Situation plötzlich anders – aus der Sicherheit wird eine Bedrohung.

Die Katze sitzt vielleicht auf Ihrem Schoß, lässt sich streicheln und schwelgt in Kindheitserinnerungen. Wenn ihr Bedarf an Zärtlichkeit gedeckt ist, erwacht sie aus ihrer Träumerei und fühlt sich von Ihrer Hand bedroht. Sie schlägt nach dem „Feind" und springt vom Schoß hinunter. Viele Katze sind von diesem Wandel ebenso überrascht wie ihr Besitzer und sehen ziemlich verwirrt aus. Manche fangen an, sich zu putzen, bis sie sich gefasst haben. Es kann auch sein, dass das Streicheln eine unangenehme Erinnerung auslöst: Sie wurde schon einmal gestreichelt und gleich darauf gepackt und eingesperrt.

Verständlicher ist dieses Verhalten, wenn Sie der Katze den Bauch kraulen; denn wenn sie auf dem Rücken liegt, ist sie verwundbar. Manchmal schlingt sie plötzlich die Pfoten um Ihre Hand und beißt, während sie mit den Hinterfüßen kratzt. So gehen Katzen mit ihrer Beute um, und dieses instinktive, spielerische Verhalten ist für sie eine Übung.

? *Warum* lecke ich mir manchmal die Nase?

Niemand kennt den Grund genau. Wenn die Katze ein wenig nervös und unsicher ist, streckt sie die Zunge heraus und berührt damit die Nasenspitze. Das ist eine schnelle, instinktive Reaktion auf eine beunruhigende oder überraschende Situation und könnte etwa unserem Stirnrunzeln entsprechen.

Warum

greife ich plötzlich an, wenn mich jemand streichelt?

Imponiergehabe

Katzen sind sehr revierbewusst und schützen ihr Revier, indem sie sich aggressiv verhalten und furchterregend kreischen und schreien. Aber dieses Imponiergehabe endet selten mit einem Kampf. Erbitterte Kämpfe werden zwischen Katern ausgefochten, die sich paaren wollen.

Eine Katze fühlt sich von einem anderen Tier – meist einem Hund – bedroht. Sie macht einen Buckel, richtet den Schwanz an der Wurzel auf und sträubt die Haare, sodass sie größer aussieht, als sie ist.

Wenn eine dominante Katze kämpft, setzt sie sich aufrecht hin und beugt sich nach vorne. Die Ohren sind aufgerichtet, der Schwanz liegt auf dem Boden und peitscht hin und her.

Wenn eine Katze in die Enge getrieben wird, aber nicht kämpfen will, verhält sie sich gegenüber einer anderen Katze unterwürfig. Sie duckt sich, legt die Ohren und die Haare flach an den Körper und scheint zu sagen: „Tu mir nichts, ich bin so klein." Außerdem legt sie den Schwanz seitlich an den Körper an und klopft damit auf den Boden.

Die Schnurrhaare der Katze sind überaus empfindlich und haben mehrere Aufgaben. Nachts schützen sie die Katze davor, irgendwo anzustoßen. Sie helfen ihr, vor einem Sprung die Windgeschwindigkeit und die Windrichtung einzuschätzen. Die Schnurrhaare verraten der Katze, wie breit eine Öffnung ist, sodass sie nicht stecken bleibt. Sie helfen ihr auch dabei, die Herkunft eines Geruchs festzustellen, zum Beispiel den von Futter oder einem rolligen Weibchen. Die Katze berührt mit ihnen ihre Beute, um herauszufinden, ob diese wirklich tot ist. Außerdem werden die Schnurrhaare dazu benutzt, andere Katzen zu begrüßen und Gefühle auszudrücken.

? Wofür brauche ich

Schnurrhaare?

Die Schnurrhaare der Katze

? *Warum renne ich manchmal in der Wohnung herum?*

Diese wilde Jagd ist vor allem bei Katzen zu beobachten, die nicht ins Freie dürfen. So werden sie überschüssige Energie los, die sie normalerweise auf der Jagd, beim Verteidigen ihres Reviers und auf Streifzügen verbrauchen würden. Die verwöhnte, wohlgenährte Hauskatze hat nicht viel mehr zu tun, als zum gefüllten Futternapf zu schlurfen und dann darüber nachzudenken, in welchem Sessel sie ein Nickerchen machen soll. Ihre natürliche Energie und Spannung staut sich auf, erreicht irgendwann einen kritischen Punkt, und plötzlich springt die Katze auf und rast in der Wohnung herum, als werde sie von Hunden gehetzt. Der ganze Spuk ist aber bald vorbei.

Dieses Verhalten ist auch zu beobachten, wenn ein Gewitter naht. Die Schnurrhaare der Katze sind derart empfindlich, dass sie die Luftschwingungen eines drohenden Gewitters oder Wirbelsturmes spüren. Die Katze wird dann sehr unruhig und läuft auf der Suche nach einem Unterschlupf rastlos durch die Wohnung. Manche Leute behaupten, Katzen könnten Erdbeben und Wirbelstürme „voraussagen". In vielen Ländern bereiten sich Katzenbesitzer auf schlechtes Wetter vor, wenn ihre Katze ein so nervöses Verhalten zeigt.

Schnurrhaare, in der Zoologie Vibrissae genannt, sind ganz erstaunliche Organe. Ohne sie wäre die Katze in großen Schwierigkeiten.

Katzen haben auch Schnurrhaare an der Hinterseite ihrer Vorderbeine. Sie sind ebenso empfindlich wie die im Gesicht.

Viele Katzen haben auch Schnurrhaare als Augenbrauen. Sie fallen regelmäßig aus und wachsen nach.

Die einzelnen Katzenrassen haben unterschiedliche Schnurrhaare. Die Devon Rex (oben) besitzt kurze, krause Schnurrhaare, die Amerikanische Drahthaarkatze (links) hat grobe, borstige, wellige Schnurrhaare.

A Gleich hinter der Netzhaut des Katzenauges befindet sich eine Membran namens Tapetum lucidum, die aus bis zu 15 lichtreflektierenden Zellschichten besteht. Wenn Licht ins Auge der Katze fällt, wird es vom grünlichgelben Tapetum reflektiert. Diesen Reflex sehen wir, wenn die Augen einer Katze im Dunkeln glühen. Menschen besitzen diese Membran nicht, wohl aber die meisten Säugetiere.

❓ *Kann* ich sehen, wenn es stockdunkel ist?

Obwohl dies eine weit verbreitete Meinung ist, kann die Katze in völliger Finsternis nicht sehen. Ihr Auge ist dem des Menschen sehr ähnlich. Bei hellem Licht wird die Pupille enger, um den Lichteinfall zu verringern. Wenn es dunkel wird, erweitert sich die Pupille, um möglichst viel Licht aufzufangen. Die Pupillen der Katze können sich viel weiter öffnen als die des Menschen, sodass dem Auge nachts mehr Licht zur Verfügung steht. Daher kann die Katze zwar besser sehen als wir, ist aber dennoch auf Licht angewiesen.

Warum glühen meine Augen im

Süße Träume

Katzen schlafen öfter als andere Säugetiere – durchschnittlich 16 Stunden am Tag. Aber ihr Gehirn bleibt auch im Schlaf aktiv, und die Katze kann selbst im Tiefschlaf sofort auf äußere Reize reagieren.

Dunkeln

Wer eine schlafende Katze beobachtet, wird nicht daran zweifeln, dass sie träumt. Wenn die Schwanzspitze sanft zuckt, ist das ein sicheres Zeichen dafür, dass die Katze „auf der Jagd ist".

? Sehe ich die gleichen Farben wie du?

Früher glaubte man, Katzen könnten nur Schwarz, Weiß und Grau sehen. Wissenschaftler haben jedoch nachgewiesen, dass Katzen auch einige Farben sehen, vor allem Grün und Blau. Vermutlich können sie aber nicht zwischen verschiedenen Farbwerten unterscheiden, sodass Farbtöne ihnen nichts bedeuten.

Auch die Pfoten und Schnurrhaare zucken beim Träumen. Die Katze gibt sogar leise Geräusche von sich.

Katzen suchen warme, sichere Plätze zum Schlafen. Sie kuscheln sich gerne an Babys, doch das ist gefährlich, denn sie können das Kind ersticken, wenn sie sich ihm aufs Gesicht legen, oder es kratzen, wenn es sich plötzlich bewegt.

A

Wenn eine Katze einen interessanten oder starken Geruch wahrnimmt, hebt sie den Kopf, öffnet das Maul und zieht die Lippen zurück – als sei sie entsetzt. Diese Gebärde nennt man „Flehmen": die Katze schmeckt sozusagen den Geruch, den sie aufgefangen hat. Sie atmet durch das offene Maul, und die Luft strömt in eine Kammer knapp hinter dem ersten Schneidezahn. Dort befindet sich das Jacobsonsche Organ, das den Geruchssinn der Katze erheblich verbessert.

Was ist das Jacobsonsche Organ

? *Wie gut ist mein Geruchssinn?*

Katzen haben einen viel besseren Geruchssinn als Menschen, aber sie riechen nicht so gut wie Hunde. Manche Hunde haben bis zu 150 Millionen Nervenenden in der Nase, Katzen immerhin 20 Millionen und Menschen nur 5 Millionen. Eine Katze braucht ihren Geruchssinn aus vielen Gründen. Die neugeborenen, blinden Kätzchen erkennen die Zitze der Mutter am Geruch, und ihre Nase führt sie auch zur Mutter, wenn sie sich entfernt hat. Ältere Katzen markieren ihr Revier mit ihren Duftdrüsen und schnuppern nach den Markierungen anderer Katzen. Vor dem Fressen schnüffeln sie ausgiebig an ihrem Futter, um festzustellen, ob es in Ordnung ist. Schales Futter lassen sie liegen, und selbst ein schwacher Geruch nach Desinfektionsmitteln stößt sie ab. Kater riechen ein paarungsbereites Weibchen aus einer erstaunlichen Entfernung – darum hat eine rollige Katze so viele Verehrer.

Die Sprache der Düfte

Die Gerüche der Menschen vermitteln der Katze viele Informationen, zum Beispiel wo sie gewesen sind und ob sie andere Katzen getroffen haben.

Ein Besucher sollte die Hauskatze immer mit ausgestreckter Hand begrüßen. Die Katze beschnuppert seine Finger und erkennt am Geruch, ob sie ihm schon einmal begegnet ist. Wenn ja, reagiert sie freundlicher.

Tüten werden ausgiebig beschnüffelt. Für eine Katze ist jede Tüte mit faszinierenden Düften gefüllt.

Freundliche Katzen begrüßen sich, indem sie einander das Gesicht beschnuppern und ablecken. Das tut eine Katze auch bei einem Menschen, den sie mag.

A Katzen sind erstens Jäger und zweitens Haustiere. Einerlei, wie gut man sie füttert, pflegt und verwöhnt, ihr Jagdtrieb bleibt stark. Es kann allenfalls sein, dass eine satte Katze ihre Beute nicht frisst, während eine hungrige oder wilde Katze sie auf der Stelle verschlingt. In der Wildnis jagen Katzen meist Nagetiere, aber eine Hauskatze jagt fast alle Tiere, die kleiner sind als sie, zum Beispiel Frösche, Vögel, Wühlmäuse, Eichhörnchen, junge Kaninchen und sogar Insekten. Katzen jagen am liebsten nachts, aber auch am Tag, sogar nach einer üppigen Mahlzeit. Das liegt daran, dass eine wilde Katzen eine Beute fängt, die gerade für einen kleinen Imbiss reicht; danach geht sie sofort wieder auf die Jagd. Sie kann es sich nicht leisten zu warten, bis sie wieder hungrig ist. Katzen, die keinen großen Hunger haben, jagen sogar besser, weil sie dabei entspannter sind.

? *Warum* bringe ich meine Beute mit nach Hause?

Damit will die Katze ihrem Besitzer sagen, dass er kein guter Jäger ist. Sie bietet ihm ihren Fang als schmackhaften Imbiss an, weil er offensichtlich nicht in der Lage ist, seine Mäuse selbst zu fangen. Katzenmütter bringen ihre Beute mit nach Hause, damit ihre Jungen jagen lernen. Bei einer sterilisierten Katze zeigt sich in diesem Verhalten möglicherweise ihr Mutterinstinkt.

?, warum jage ich

? *Warum* spiele ich mit meiner *Beute?*

Katzen werfen ihre Beute oft in die Luft, schubsen sie auf dem Boden herum, packen sie mit den Zähne und schütteln sie, bevor sie sie töten. Menschen sind darüber entsetzt; die Katze will jedoch nicht grausam sein, sondern baut damit die Spannung ab, die sich während des kunstvollen Anschleichens aufgestaut hat. Viele Raubtiere und auch Hunde schütteln ihre Beute und brechen ihr dadurch das Genick.

Jagdmethoden

Obwohl Katzen einen starken Jagdtrieb haben, macht der Instinkt allein sie nicht zu vollendeten Jägern. Sie müssen jagen lernen. Wenn die Mutter einem Kätzchen nicht zeigt, wie es jagen soll, lernt es diese Kunst nie. In der Wildnis bringt die Katzenmutter Beute für den praktischen Unterricht mit, aber für Hauskatzen ist eine Spielzeugmaus ein besserer Ersatz.

Das Kätzchen springt die Spielzeugmaus an. Oft spielt es auch mit seiner „Beute", wirft sie in die Luft oder rollt sie auf dem Boden hin und her.

Ein Kätzchen lernt, sich dicht über dem Boden an die Beute heranzuschleichen.

obwohl ich genug zu fressen habe **?**

Auch den letzten, tödlichen Biss in den Nacken muss das Kätzchen lernen; der Instinkt genügt nicht. Wenn die Mutter es ihm nicht zeigt, wird es niemals fähig sein, seine Beute zu töten.

Es macht wenig Sinn, die Intelligenz der Katze mit der eines Menschen zu vergleichen. Aber als Tiere, die sich den Verhältnissen anpassen, sich in einer feindseligen Umgebung zurechtfinden und das Beste aus jeder Situation machen können, sind Katzen sehr intelligent. Sie sind neugierige und scharfe Beobachter. Eine Katze wartet, bis Sie sich umdrehen, ehe sie sich die Wurst vom Küchentisch schnappt. Sie lernt schnell, dass das Geräusch des Dosenöffners oder das Rasseln in einer Schachtel „Futter" bedeutet und dass es ratsam ist, sich zu verstecken, wenn ein kleines Kind kreischt. Als Überlebenskünstler sind Katzen den Hunden überlegen, weil sie unabhängiger sind, besser um Futter betteln können und auf der Futtersuche findiger sind. Katzen sind auch vorsichtig; sie denken oft erst über die Lage nach, bevor sie handeln – und wenn sie handeln, dann meist zu ihrem Vorteil!

? Wie

? *Habe* ich einen sechsten Sinn?

Da Katzen einige ungewöhnliche Eigenschaften besitzen, sehr unabhängig sind und früher mit Hexen und Magie in Verbindung gebracht wurden, schreibt man ihnen oft mystische Fähigkeiten zu. Es gibt viele Geschichten über Katzen, die Tausende von Kilometern nach Hause gewandert sind, Babys mitten in der Nacht vor dem Tod gerettet haben oder plötzlich ohne ersichtlichen Grund das Fell sträuben. Dafür gibt es jedoch natürliche Erklärungen.

Viele Tiere besitzen einen Instinkt, der sie immer wieder sicher nach Hause führt; vor allem bei Zugvögeln ist dieser Instinkt ausgeprägt. Wenn eine Katze nachts unvermittelt schreit und faucht, dann ist das ihren scharfen Sinnesorganen zu verdanken, nicht einem Poltergeist, der irgendwo Möbel verrückt. Gewiss, Katzen haben schon Eltern durch ständiges Miauen gerade noch rechtzeitig geweckt, um ein Baby vor dem Ersticken zu bewahren – aber nur, weil das röchelnde Kind die Katze nervös gemacht hat.

intelligent bin ich?

Die Lernkurve

Katzen sind schwer zu erziehen, weil sie so eigenwillig sind und keinen großen Ehrgeiz haben, ihrem Besitzer zu gefallen. Dennoch sind sie in der Lage zu lernen, meist durch Zuschauen und Wiederholen der Bewegung – etwa so, wie Kätzchen jagen lernen.

Katzen lernen, Türen am Griff zu öffnen, indem sie Menschen dabei beobachten.

Katzen lernen, dass Leckerbissen oft in Schachteln oder Töpfen aufbewahrt werden. Wenn ihnen niemand zusieht, nutzen sie ihr Wissen.

Sie können einer Katze beibringen, Männchen zu machen. Sie tut es aber nur, weil sie etwas bekommen möchte, nicht um Ihnen einen Gefallen zu tun.

Symptome und Krankheiten

Die meisten gut gepflegten Katzen erfreuen sich eines langen, gesunden Lebens. Wenn sie doch einmal krank werden, kann rasches Handeln über Leben und Tod entscheiden. Manchmal verschlimmert sich der Zustand einer Katze schnell, zum Beispiel bei einer Virusinfektion oder nach einem Unfall. Wenn Sie Ihre Katze genau beobachten, können Sie dem Tierarzt oft wertvolle Hinweise geben.

In diesem Kapitel finden Sie eine Reihe von Symptomen und Krankheiten. Außerdem erfahren Sie, wie ernst die Lage ist und was Sie tun können. Denken Sie daran:

Wenn die Katze leidet und Sie nicht wissen, was ihr fehlt, müssen Sie sie sofort zum Tierarzt bringen.

SCHLÜSSEL

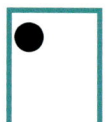
Beobachten Sie die Katze 3 – 4 Tage. Bringen Sie sie zum Tierarzt, wenn die Symptome nicht abklingen.

Beobachten Sie die Katze 24 – 48 Stunden. Bringen Sie sie zum Tierarzt, wenn ihr Zustand sich nicht bessert.

Bringen Sie die Katze zum Tierarzt, wenn ihr Zustand sich verschlimmert oder innerhalb von 12 Stunden nicht bessert.

Bringen Sie die Katze sofort zum Tierarzt. Dies ist ein Notfall.

SYMPTOM	MÖGLICHE URSACHEN	MASSNAHMEN	SCHLÜSSEL
APPETIT *Zunahme*	viel Bewegung, Überfunktion der Schilddrüse, Diabetes, Tumor	Futter täglich abwiegen, Tierarzt fragen	●
Abnahme	Fieber, Infektionen, Schmerzen, Stress, Nierenversagen, Verdauungsstörung, Wunde im Maul	Temperatur messen, Maul und Zahnfleisch untersuchen	● ●
ATEM, SCHLECHTER	Zahnerkrankung, Verdauungsstörung, Würmer	Maul und Zähne auf Würmer untersuchen	●
ATMUNG *angestrengte*	Verletzung, Zwerchfellriss, Luft oder Flüssigkeit im Pleuraraum	Katze ruhig halten, nicht in Seiten- oder Rückenlage bringen	● ● ● ●
laute	Asthma, verstopfte Luftwege	auf Atemnot achten	● ● ●
rasche	Angst, Blutung, Sauerstoffmangel	Katze ruhig halten, für frische Luft sorgen, nicht halten oder streicheln	● ● ● ●
AUGE *Ausfluß*	Bindehautentzündung	mit abgekochtem Wasser auswischen	●
drittes Lid sichtbar	Augenerkrankung oder schlechter Allgemeinzustand	nach weiteren Symptomen und Verletzungen suchen	● ●
halb geschlossen	Schmerzen, Fremdkörper, Entzündung	mit sauberem, abgekochtem Wasser säubern	● ● ●

rot	Bindehautentzündung, Blut im Auge	welcher Teil ist rot?	● ●
trüb	Hornhauterkrankung, Star	für Sicherheit sorgen, da Sehschwäche gefährlich ist	● ● ●
verfärbte Iris	Uveitis, Tumor, hohes Alter	nach weiteren Symptomen suchen	● ●
wässerig, tränt	Augenreizung	Auge säubern	●
AUSFLUSS **Auge**	Bindehautentzündung	mit lauwarmem, abgekochtem Wasser auswischen	● ●
Nase	Fremdkörper, Schnupfen	aus einem oder beiden Nasenlöchern?	● ●
Ohr	Infektion	Ohr nicht berühren	● ●
Vagina	Infektion	beobachten, ob die Katze häufig uriniert	● ● ●
BISSWUNDEN	Kampf mit einer anderen Katze, einer Ratte oder einem Hund	mit Salzlösung reinigen und vom Tierarzt Antibiotika verschreiben lassen	● ● ●
BLÄHBAUCH	Trächtigkeit, Flüssigkeits-ansammlung im Bauch	nach weiteren Symptomen su-chen, z. B. Appetitmangel, vergrößerte Brustwarzen	● ●

BLUTUNG *aus dem Maul*	Trauma, Fremdkörper, Zahnerkrankung	Maul und Zähne untersuchen	● ● ●
aus der Nase	Trauma, Fremdkörper, Tumor	auf Niesen achten, nach Schwellungen im Gesicht suchen	● ● ●
im Kot	Dickdarmentzündung, Enteritis infectiosa, Verstopfung	beobachten, ob die Katze stark pressen muss	● ● ●
im Urin	Blasenentzündung, Blasensteine, Tumor	auf Stellung beim Urinieren achten	● ● ● ●
DEFÄKATION, ANSTRENGENDE	Verstopfung, Blasenentzündung, Darmverschluss	Kot auf Blut untersuchen	● ● ● ●
DUFTMARKEN SETZEN, ÜBERTRIEBENES	Verhaltensproblem, meist wenn andere Katzen in der Wohnung sind	beobachten, ob Katze Duftmarken setzt oder uriniert	●
DURCHFALL	Verdauungsstörung, Vergiftung, Parasiten	Maul auf Brandwunden untersuchen, Blut im Kot? Schonkost	● ●
DURST, ÜBERMÄSSIGER	Nierenkrankheit, Diabetes	Menge der Wasseraufnahme messen; nicht aus dem Haus lassen	● ●
ERBRECHEN **(einmal)**	hastiges Fressen, Blockade oder erweiterte Speiseröhre	4-5 kleine Mahlzeiten pro Tag	●
ERBRECHEN **(häufiger)**	Magenverstimmung, Vergiftung, Gastritis	bei Verdacht auf Vergiftung sofort zum Tierarzt	● ●

FELL fällt aus	Hormonstörung, Nährstoffmangel, schlechter Allgemeinzustand	regelmäßig bürsten, vor allem lange Haare, Tierarzt fragen	●
trocken, glanzlos	Hormonstörung, Nährstoffmangel, schlechter Allgemeinzustand	Tierarzt fragen	●
FIEBER	Infektion, Leukämie, Vergiftung	Temperatur messen	● ● ●
FRESSSTÖRUNGEN	wundes Zahnfleisch, kaputter oder lockerer Zahn	Maul untersuchen	● ●
GESICHTSSCHORF	Sonnenbrand, Hautkrebs an Ohren und Nase / bei weißen Katzen: Allergien	auf Flöhe untersuchen	●
GESICHTS-SCHWELLUNG	allergische Reaktion auf Insektenstich, Abszess	beobachten, wie schnell das Gesicht anschwillt	● ●
GEWICHT Abnahme	zu wenig Futter, Tumor, Schild-drüsenüberfunktion, Diabetes, Verdauungsstörung	nach weiteren Symptomen suchen	●
Zunahme	zu viel Futter, Bewegungsmangel, Hormontherapie, Trächtigkeit	wöchentlich wiegen, Futtermenge messen	●
HAARAUSFALL (Alopezie)	Milben, Pilze, Hormonstörungen, Allergien, zu starkes Bürsten	auf Lecken und Kratzen achten	●
HOCKEN, HÄUFIGES	Blasenentzündung, Harnleiter blockiert	Katze mit Katzentoilette in einen Raum einsperren	● ● ● ●

HAUT **Juckreiz**	starkes Kratzen, Infektion, Milben, Allergien, Flöhe	auf Juckreiz achten, auf Parasiten untersuchen	●
Knoten	Zyste, Tumor	Wachstum beobachten	●
schorfig, fleckig	Infektion, Flöhe, Allergie	auf Flöhe untersuchen	●
Schwellung	Abszess, Insektenstich	auf Stichwunden untersuchen	● ●
HUSTEN	Infektion, Lungenwurm, Fremdkörper	Atmung bei ruhender Katze beobachten	● ● ●
KEUCHEN	Aufregung, Hitzschlag	kühlen, beruhigen, Tierarzt aufsuchen, wenn nach einer Stunde keine Besserung eintritt	● ● ●
KOMA, BEWUSSTLOSIGKEIT	Verletzung, Gehirnerkrankung, Diabetes	Katze warm halten, Atemwege frei machen, Knoten abtasten	● ● ● ●
KOORDINATIONS-VERLUST	Schock, Knochenbruch, Stoffwechsel-störung, Verletzung oder Erkrankung des Gehirns oder des Rückenmarks, Vergiftung	Katze warm halten	● ● ● ●
KOPF **Schräghaltung**	Gleichgewichtsstörung, Gehirnerkrankung	nach weiteren Symptomen suchen	● ● ●
Schütteln	Fremdkörper im Ohr, Milben, Ohrenentzündung	nach weiteren Symptomen suchen	● ●

Symptom	Ursache	Maßnahme	
KRÄMPFE	Epilepsie, Vergiftung, Nierenversagen	Maul und Fell auf Gift untersuchen, für Sicherheit sorgen	● ● / ● ●
LAHMEN akutes	Verstauchung, Bruch, Verrenkung, Bisswunde	Katze beobachten	● ● / ●
chronisches	Arthritis, Muskelerkrankung	wie viele Gliedmaßen sind betroffen?	●
LÄHMUNG	Verletzung, Embolie, neurologische Störung	Katze ruhig halten	● ● / ● ●
LETHARGIE	viele Ursachen, z. B. Herzkrankheit Infektion	nach weiteren Symptomen suchen, Temperatur messen	● ●
MAUL häufiges Betasten	Fremdkörper im Maul, lockerer Zahn	Maul untersuchen	● ● / ●
tropfend	Zahnfleischerkrankung, Geschwür, Vergiftung, Fermdkörper, Viruserkrankung	Maul untersuchen	● ●
wunde Lippen	Geschwür	Größe feststellen	● ●
MILCHDRÜSEN- SCHWELLUNG	Knoten, Tumor, Entzündung	hat die Katze Schmerzen?	● ●
NASE, SCHNIEFENDE	Virusinfektion	Nase sauber halten	● ●

NIESEN mit Ausfluss	Erkrankung der Atemwege	beobachten, Temperatur messen	● ●
ohne Ausfluss	Reizung, Chlamydien	Ausfluss vorhanden?	●
OHR Geruch	Infektion	Ausfluss vorhanden?	● ●
Kratzen am Ohr	Infektion, Allergie, Flöhe, Milben	Ausfluss und Geruch vorhanden?	● ●
nach unten gehalten	Infektion, Fremdkörper	Ohr behutsam untersuchen, Infektion vorhanden?	● ●
PUTZEN, STÄNDIGES	Juckreiz, Verhaltensstörung	auf Flöhe untersuchen	●
URINIEREN, HÄUFIGES	Infektion der Harnwege, Diabetes, Nierenerkrankung	reichlich Wasser geben	● ● ●
VERHALTENS-ÄNDERUNG	Schmerzen, Stoffwechselstörung, Erkrankung des Zentralnerven-systems, Stress	auf ungewöhnliche körperliche Symptome achten	●
VERSTOPFUNG	Darmerkrankung, zu geringe Flüssigkeitszufuhr	uriniert die Katze? Wenn sie stark pressen muss, sofort zum Tierarzt bringen	● ● ●
ZAHNFLEISCH entzündet oder blutend	Zahnerkrankung, Infektion	weiches Futter geben	● ●

Register